上海教师教育丛书
知会书系

任洁 主编

场景中的教育常理

上海教育出版社
SHANGHAI EDUCATIONAL PUBLISHING HOUSE

上海教师教育丛书编委会

主　任　李永智　尹后庆

编　委　（以姓氏笔画为序）

　　　　王　平　　王　洋　　王　涛　　戈一萍
　　　　卞松泉　　尹后庆　　宁彦锋　　朱益民
　　　　刘　芳　　闫寒冰　　孙　鸿　　李永智
　　　　李　蔚　　杨　荣　　杨振峰　　吴　刚
　　　　吴国平　　陈小华　　陈永明　　陈宇卿
　　　　陈　军　　邵志勇　　周增为　　赵洁慧
　　　　姜　虹　　恽敏霞　　袁振国　　奚晓晶

策　划　吴国平

总序

教育改革的步伐已经进入了关注教师发展的新阶段。不是因为课程改革已陷于制度性疲倦，不是因为评价改革终将受制于社会发展的瓶颈，也不是因为我们拥有超过千万的中小幼教师队伍，每年有数十万的青年人正在进入这个领域。课程也好，评价也罢，根本上它们都内在于教师。拥抱"教师的年代"，不在于讨论有多少以教职为生计的人，而在于如何拥有师者的内在品质，值得学生效法，使自己从一名教者成长为一名真正的师者。

关注教师是国际教育改革的普遍趋势

制度化教育确立以来，课程长期占据着学校教育的中心地位。直到20世纪60年代，国际教育界才开始把视线转向教师。这是由于课程、教学、评价、管理这些学校层面的所有改革，最终都离不开教师。尽管半个世纪以来，教师职业到底算不算专业还存有不同的看法，但关于教师的专业化问题持续受到广泛关注。

中国向来具有别于西方的教育传统。中国古代教育有重教师、轻课程的传统，唯这种传统并未演化成现代意义上的教与学的机制，更未形成制度化的学校，因此循着传道授业解惑的路径发展教师素养的希冀，愿望虽好，但缺少登梯之阶，难以形成规范。近年来，随着教育国际交流的增进，尤其是上海学生在PISA项目中的表现，引来国际社会对中国教师组织化程度经验的关注，其中教研组和集体备课被认为是两大亮点。因为在西方，教师的教学行为被认为是从属于个人的专业行为，即便是同行也不得任意干预，可以想见，其结果便影响到授业与指导经验的传播。问题是，中国学校教研组的形式究竟以怎样的方式引导教师提升专业能力，尚缺乏充分的论证和公认的成果。理论上来说，一个组织如果确实发生了影响，既有可能是正面积极的，也有可能是负面消极的。教研组对于教师的影响，既未被证实也未被证伪，能否成为经验尚待科学论证。至于集体备课，不久前在上海对近八千名中小学幼儿园教师所进行的问卷调研显示：面对庞杂的课程事实和众说纷纭的教师要求，一大批成长期的教师从茫然不知所措，到随波逐流；而所谓"成熟期"的教师则顾影自怜地停留在自我经验的世界中，真正知识讲授型教师则难觅踪影。教师发展的局限已成为深化课程改革的短板，这样的局面不改变，教育质量有大滑坡的风险。

教师的成熟需要积累丰富的社会实践

在汉语中，我们把师者称为"老师"，一般解释其中的"老"无义，表尊敬。其实《荀子·致士》中强调了做老师有四个条件，其中一条曰"耆艾而信，可以为师"。古人把五十岁的人称为"艾"，把六十岁的人称为"耆"，把七十岁的人称为"老"。这或是"老师"称谓的早期由来。可见，年龄本是成为教师的一项先决的基本条件。只是在制度化教育出现以后，尤其是以分科为特征的知识传授成为学习的基本形式形成以来，这种年龄的限制才被取消。

古人为什么会对为师者设置年龄限制？是因为教师的职业属性是一名"杂家"，这样的"杂家"不经过长期的、丰富的社会实践积累，是难以炼成的。在今人眼里，"杂家"似乎意味着专业程度低人一等。其实，无论是在古代中国还是在近代西方，强调的都是社会中的个体应具备多方面的才能。孔子所谓的"君子不器"不是在谈"杂家"吗？而马克思关于人的全面发展又何尝不是在谈"杂家"呢？及至当代，"把一个人在体力、智力、情绪、伦理各方面的因素综合起来，使他成为一个完善的人，这就是对教育基本目的的一个广义的界说"（《学会生存》）。这句话表明"杂家"较之于"专家"更近于"完善的人"。教师面对的是多姿多彩的学生，每个学生都有各自的阅历，他们的家庭、他们的生活、他们的所见所闻都不尽相同，每个学生都是一个完整的世界，每个学生又都是一个独特的世界。教师要想成为学生精神生活的指引者，自己必须是一个精神生活丰富的人。而精神生活丰富的基础就是有渊博的知识，不仅是专业知识，而且是与之相关的各方面的知识。

岗位成长已成为教师专业发展的共识

我们拥有成熟的师范教育体系，拥有完备的教师任职制度，是否就意味着我们拥有了优秀教师的培养机制？想要回答这一问题，须明了教师是师范院校培养的吗？教师资格认证制度是从教的当然资质吗？

教师知识与技能的习得途径主要有三种：一是书本阅读，二是课堂知识传授，三是实践体悟。前两种可以通过岗前培养与训练获得，后一种则需要在岗锻炼习得。这就意味着，一名真正合格的教师无法在职前培养中完成，亦无法依靠教师资格认证制度自然解决。这也可以解释为什么近年来相当数量的示范性高中多从综合性大学招收新任教师，是示范性高中教学要求低，还是这些学校无视教育的专业属性？答案显然不是。教师的专业性主要不在于"知"，而在于"行"，即一名教师在从教岗位上的实践、探索、体验、反省和觉悟。可以认为，教师是在岗位实践中自我型塑的，师范院校也好，综合性大学也罢，都不过是为一名教师从教所做的预判性准备。

所谓教学，不是教师从书本上把知识搬家一样送到学生面前，它必须融入教师自己的透彻理解，没有教师的透彻理解很难有学生的透彻理解，"以其昏昏，使人昭昭"的事在教育上是难以发生的。在教师透彻理解的基础上，还必须考虑知识传授的方法。采取什么样的方法，除了教师的个人喜好外，还涉及知识的难易程度、学生的接受程度以及教学资源的承受能力等因素，取舍之间，包蕴着非常丰富的个性化知识。一名真正的优秀教师拥有丰富的个性化知识，犹如中医问诊中的察颜把脉。这种知识无法仅仅通过书本研读和知识传授获得，需要通过实践不断揣摩，从而得到一种内化了的知识。显然，它是一种非常个人化的特殊知识，需要教师在对每个学生"辨症"施教中不断积累，其习得主要依赖于教师的个人努力。由此，可以得到一条简单而又明确的结论：帮助一名从教者，使之成为一名真正的师者。可以说，帮助数以千万计的从教者，使其早日成长为师者，这是今日中国教师教育领域的一项重大课题。

助推教师成为教育的思想者、研究者、实践者和创新者

国家兴旺，教育为本；教育优先，教师为基。持续了半个世纪的教育改革浪潮把教师发展推到了历史的前台。在当代教育的历史进程中，教师不是单纯的任务执行者，而是教育的思想者、研究者、实践者和创新者。在专业发展的路径上，教师的主体地位、精神和意识得到了时代的推崇，教师专业化发展和对教师的重新发现将对教育产生重大影响。可以说，教师问题的重要性已无须讨论，而应考虑如何实践。

新一轮课程改革呼唤着教师创造性地施行教与学的行为。吊诡的是，一大批被应试熏陶出来的青年走上讲坛，他们却被要求培养有创新能力的学生。面对变化了的教学材料和教学要求，是施教者的一脸迷茫和不知所措。英国教育家沛西·能曾说过，教师是学生学习的最大动力。问题是，迷茫中的施教者如何

才能让自己成为学生学习的动力呢？

基于上述认识，由上海市师资培训中心主持，联合上海师范大学、华东师范大学以及上海教育出版社等单位，倾力研发并打造了这套"上海教师教育丛书"。本丛书由"知会书系""知新书系"和"知困书系"三部分构成，分别聚焦新教师的教学规范、校本的教师研修经验以及优秀教师的成长启示，旨在从岗位上助推有资历和创造性的教师成长，这是我们的理想和愿望。

鉴于本书系不仅是上海也是国内自改革开放以来第一次全面系统开发的教师在岗培训教材，限于能力和水平，在编写过程中尚有诸多局限和不足，乞教于方家，不吝批评指正！

上海教师教育丛书编委会
2017年4月

前言

新教师在专业发展的过程中,最喜欢的培训方式是什么?那就是置身于真实的教育场景中,跟指导教师一起分析问题、推敲因果、获取经验、规范行为。离开了现实情境的教育理论学习,对于初入教坛的新教师来说,容易浮于表面、缺乏实效;而流于经验化的面授机宜式的带教,又容易使新教师的专业发展之路缺少规范性、科学性。因此,新教师的规范化培训,需要一种有典型案例借鉴、有规范化路径引领、有深入浅出的教育理论点拨、有可操作性的教育策略拓展的培训模式。《场景中的教育常理》和《行动中的教育机智》就是在这样的思考下出版的两本新教师规范化培训参考资料。

《场景中的教育常理》侧重于引领新教师在面对一个完整的教育案例时如何开展由表及里的分析与反思,从而领悟教育常理。在一个个教育反思的过程中,学会教育案例分析的基本方法,形成规范化教研的习惯。《行动中的教育机智》则让新教师置身于真实的教育情境当中,直面案例中教师所面对的现实问题,通过对现实情境的分析、处理步骤的呈现、教育智慧的指导、细节策略的提醒,一步步引导新教师冷静应对、规范流程、寻找策略,从专家导师那里获得教育经验,积淀形成教育智慧。

《场景中的教育常理》包含上百个案例,涵盖幼、小、初、高4个学段,内容包括课堂教学、班级管理、家校沟通、个性化教育、教师素养等方面的教育现象。面对这些教育现象,如何用现代教育理论开展案例分析呢?

本书通过判断—分析—观点—阐述4个步骤,训练新教师反思教育教学的思维逻辑和条分缕析的案例撰写方法。

判断,就是想一想案例中这位教师的处理方式、言行是否正确,哪些行为对、哪些行为有问题,旗帜鲜明地表明立场。

分析,就是结合案例剖析教师的教育方式、手段、态度、语言等,思考这些行为背后体现了怎样的教育理念,问题出在哪里、策略有效的原因是什么,找到发生这些教育案例的症结所在。

观点,就是通过上述的成因分析,简洁、准确、清晰地概括出相应的教育原则、教育常理和教育规范。

  阐述，就是结合个人的日常工作情况，说出自己的解决方法和应对措施，也可以学习他人的经验，换一个思路处理问题。

  这一套案例反思的路径，未必是最严谨的教育科研方法。但对于基础教育阶段的新教师来说，却提供了一个可以顺藤摸瓜、循序渐进地开展教育反思的抓手。新教师面对教育问题，常常处于碎片式的思考当中，似乎能够从教育实践当中零零星星地领悟到什么，却没有办法将它们连缀成一系列有深度的思想链。所以，新教师在撰写教育反思时，常常是想到哪里写到哪里，面面俱到却又抓不住核心要点。本书的案例分析步骤，可以当作一种有效的培训方法。

  当然，即便采用这样的方法开展案例分析，新教师也常常会进入以下误区。

  乱扣大帽子。夸大案例中教育问题的严重性，或者用外延更大的教育概念去解读教师的言行。

  打擦边球。忽略案例中的关键事件与主要矛盾，在细枝末节上思考过度，对教育问题定位不当。

  缺少因果逻辑。把个人对某种教育手段的喜好，当作判断教育行为对错的标准，用方法和建议代替成因分析。

  这些问题的解决都无法一蹴而就。在使用本书时，新教师还需要跟自己的带教导师共同研讨，并尝试对书中的案例用判断—分析—观点—阐述的方法训练自己。而作为指导教师，也需要在培训中严格选择案例，对书中的内容去粗取精、因材施教。这本培训资料虽然经过了精心撰稿、多番修订，但仍然无法避免有不当之处，诚请各位读者提出宝贵意见。

本书编写组
2020 年 3 月

目录 CONTENTS

幼儿园

常规管理篇
1. 如何度过焦虑分离期　　2
2. 小朋友玩水背后　　3
3. 音乐响起来　　4
4. 我们要做"大老虎"　　6
5. 番茄真难吃　　7
6. 收玩具的音乐信号失灵了　　9
7. 安静！安静！　　11
8. 我不会脱衣服　　12
9. "杀鸡儆猴"要不得　　13
10. 孩子"作弊"　　15

环境创设篇
1. 纪念册变皱了　　18
2. 我们在玩开赛车　　19
3. 来了一个新老师　　20
4. 鸡毛菜上的小青虫　　22
5. 让我来排兵布阵　　23
6. 你弄坏了我的机器人　　25
7. 谁来照顾植物角　　26

家园互动篇
1. 放学后的"答家长问"　　29
2. 生活老师有偏见吗　　31
3. 小朋友发生意外后　　32
4. 产生分离焦虑的幼儿　　34
5. 谁是"快乐好宝宝"　　35

保教实践篇
1. 游戏中的适时支持 　　38
2. 嘘……（噤声） 　　39
3. 着火了！着火了！ 　　40
4. 太阳是什么颜色的 　　42
5. 孩子的作品不是垃圾 　　43
6. 橱柜大变洗衣机 　　45
7. 游戏是孩子们的 　　46
8. 老师的评价 　　47
9. 冒烟了！冒烟了！ 　　49
10. 长了"手脚"的被子 　　50
11. 老师表演得怎么样 　　51
12. 小羊过桥 　　53
13. 班里有个"笨孩子" 　　54
14. 容易走神的小班 　　56
15. 游戏——拉小车 　　57
16. 被告状的多多 　　58
17. 我们要把地球挖穿 　　60

教学篇
1. 失败的模仿课 　　63
2. 我能不用书中的原话吗 　　64
3. "厌烦"的朗读课 　　65
4. "惊天动地"的水杯 　　67
5. 我不会拍球 　　68
6. 用来奖励的贴纸 　　70
7. 倒着写的 0—9 　　71

教育篇
1. 优等生的眼泪 　　74
2. 就不交作业 　　76
3. 人小脾气大的梅梅 　　77
4. 男孩不哭 　　79

目 录

    5. 偷换试卷后   80
    6. 特别的家庭作业   82
    7. 不听讲的孩子   83
    8. "两面派"   85

管理篇

    1. 班里的特殊孩子   88
    2. 球场冲突   89
    3. 一颗小海星引起的风波   90
    4. 公平与偏见   91
    5. 自由组队   93
    6. 掉在地上的枫叶   94
    7. 懵懵懂懂的"小迷糊"   96
    8. 一个水果引发的矛盾   97
    9. 美术老师的求助   98
    10. 课前三分钟的智慧   100
    11. 课间该不该出去玩   102
    12. 冒领的奖品   103
    13. 放学时的一年级   104

沟通篇

    1. 铅笔头   108
    2. 小队分工   109
    3. 美术课上下棋   111
    4. 早操排队的意外   112
    5. 与家长相处的度   114
    6. 凭什么只批评我   115
    7. 与问题学生家长沟通的艺术   116
    8. "护犊子"的爸爸   118
    9. 坚持努力会更好   120
    10. "丑态"曝光在家长群   121
    11. 迂回谈话的技巧   123
    12. 橘子引发的矛盾   124

13. 学困生也有优点　126
14. "偷梁换柱"的试卷　127

素养篇
1. 公开课的小插曲　131
2. 数学课上的漫画书　132
3. 指甲　134
4. 过度批评伤人心　135
5. 当学生举手而不答　136
6. 桌肚里的彩泥作品　138

教学篇
1. 预习"惹的祸"　141
2. 课上玩游戏　142
3. 失控的课堂讨论　143
4. 什么是有效预习　145
5. "你的眼里没有我"　147
6. 指导力 VS 学科能力　148

教育篇
1. "被孤立"的小 A　151
2. 抓住机会表扬他　152
3. 当作文不够"阳光"　154
4. 罚抄十遍　155
5. 养乐多罐子里的鱼　157

管理篇
1. 两分钟预备铃　160
2. 上课要去卫生间　161
3. 炫富　163
4. 丢三落四的小杰　164
5. 包容的界限　166
6. "特殊的礼物"　167
7. 偶像效应　168

目录

    8. "那种书"   170
    9. 肥胖   171
    10. "骂人"的号子   172

沟通篇

    1. 跑步急停   175
    2. "高危"职业   176
    3. 多给她亮相的机会   178
    4. 班级日志中的玄机   179
    5. 情绪宣泄之后   181
    6. 集体活动中的孤独者   183
    7. 早恋惹的祸   185
    8. 怎样才算成功的班队会   186
    9. "笨小孩"   188
    10. 化嘲笑为鼓励   189
    11. 迟到有理   191

素养篇

    1. 科学课上的英语作业   194
    2. 这些东西我在网上看过   195
    3. 50分到100分   196
    4. 唐氏综合征   198
    5. 默写的进步   200
    6. 罚站   201

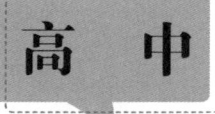

教学篇

    1. 模仿教学效果不理想   204
    2. 老师出错了……   205
    3. 冷场的课堂   206
    4. 备课和上课   208
    5. 课堂失控进行时   209

管理篇

    1. 学生擅自换座位   213

- 2. 抢球场引发的纠纷（1） 214
- 3. 抢球场引发的纠纷（2） 215
- 4. 学霸的评语 216
- 5. 不肯补作业的学生 218
- 6. 网络的规矩 219
- 7. 谎言的"面子"与"里子" 221
- 8. 能没收学生手机吗 223
- 9. 换座位 224
- 10. 如何应对男女生差异 226
- 11. 戴耳钉引起的纷争 228

沟通篇

- 1. "为什么你们都不相信我" 231
- 2. 被学生怼了 232
- 3. 不放心的母亲 234
- 4. 乘电梯引发的争执 235
- 5. 班主任需要加入家长群吗 237
- 6. "丑小鸭"情结 238
- 7. 为什么背不出来 240
- 8. 由周记引发的思考 241
- 9. 一个"差生"的自白 243
- 10. 沉默的对抗 244
- 11. 绝不服从 246
- 12. "乖乖女"的反抗 247
- 13. 男生的矛盾 248
- 14. 我本不想旷课 250

素养篇

- 1. 模仿家长签名 253
- 2. 失败的实验 254

后记 257

幼儿园
常规管理篇

在幼儿园的常规管理中,如何帮助小朋友度过分离焦虑期?小朋友不喜欢吃番茄,随便玩水,不想离开建构区,不想午睡,不会脱衣服……面对这些问题,教师该怎么办?希望本篇的案例能给教师一些启示。

1. 如何度过焦虑分离期

贝贝是小班刚入园的孩子。开学第一周的下午,贝贝突然在午睡时大哭起来:"我要妈妈,我要妈妈……"

老师坐在贝贝的床边,轻轻拍拍她,说:"放学时间一到,妈妈就会来接你的。你看看老师手上的这块表,它会走路哦!等短针走到4,长针走到12的时候,妈妈就来接你啦!你看看?"

"好",贝贝点点头,接着一直安静地盯着这块"会走路"的表。

请你用现代教育理论评析案例中教师的做法。

分析

对于大多数孩子来说,进入幼儿园小班标志着自己第一次尝试与熟悉的亲人分离,是独自面对一个陌生的集体生活的开始。小班新入园时期,孩子尚处于分离焦虑期,因此才会出现睡醒后哭着要找妈妈的现象。

判断

案例中教师的做法考虑到了孩子分离焦虑的心理,抚慰了孩子的心灵。

观点

学龄前期的幼儿正处于分离焦虑期。幼儿常会因与亲人分离而产生焦虑、不安或不愉快的情绪反应,这属于正常现象。教师应多关注、安慰、理解幼儿的不良情绪,帮助幼儿度过分离焦虑期,促进幼儿心理的健康发展。

阐述

小班初入园的第一个星期,许多孩子尚未度过分离焦虑期,幼儿对于原本一直陪伴在侧的亲人有着强烈的依恋情结。案例中教师的举动尊重并理解了幼儿"要妈妈"的心理,更多地给予幼儿安慰和引导,并且先以安抚幼儿的情绪为主。

幼儿园 小学 初中 高中

常规管理篇

在引导幼儿安静下来的方法上，教师选择了通过让幼儿观察会走动的手表，从而将幼儿的注意力从想念妈妈中转移出来。一般动态的东西都比较容易引起幼儿的关注和兴趣，手表的走动又恰好表示着时间一分一秒地流逝，能够非常形象地告诉幼儿现在又离妈妈来接你的时间点更靠近了一步，从而让幼儿放心，更好地安慰幼儿。

（上海市黄浦区蓬莱路幼儿园提供）

2. 小朋友玩水背后

最近班级幼儿如厕洗手时，总会有个别孩子在洗手池边玩水，弄得衣服和地面都是水。今天洗手时，老师又看到小明把水龙头开到最大，双手捧着急速落下的水流，四溅起水花，一脸兴奋的样子。

老师赶忙制止："不要浪费水，把水龙头关小。"

小明照做了，但随后，他开始用湿湿的小手在水池前的镜子上涂抹，镜子上被画出了一条条水迹，他越画越起劲，还用手蘸着水池周围的水开心地画图案。

这时，老师严厉地呵斥道："站到旁边来，看其他小朋友是怎么洗手的！从今天起，洗手时你在旁边看其他小朋友怎么洗手，学会了再洗！"

请你运用现代教育理论评析该教师的行为。

分析

这是幼儿园盥洗室中经常会出现的现象。其实玩水、浪费水并不是师幼冲突的源头。幼儿爱玩的天性和对水的探知欲望与教师硬性的说教、惩罚、打压之间的冲突，才是这个案例中矛盾产生的根源。

判断

案例中教师的做法显然是错误的，她没有认识到幼儿行为背后所表现出的好奇心和探索欲，更没有运用恰当的方式进行教育，没有给予幼儿学习与发展上的支持。

观点

教师应该尊重幼儿的年龄特点和学习方式。生活中幼儿的行为往往能够反映出他们的探究兴趣和学习发展需要,因此,教师应充分利用这一契机给幼儿提供恰当的教育和支持,满足幼儿的探究愿望,同时向幼儿渗透良好文明的生活习惯的养成教育。

阐述

学龄前儿童对周围的事物充满了好奇心和探究欲,特别是对水这种低结构的材料有着天然的喜好与玩耍的愿望。一方面,小明用双手捧水流,观察溅起的水花,以及蘸水在镜子上画画,都是在感受和探索水的特性,这一点是需要肯定的。但另一方面,在盥洗室洗手时这样玩耍,显然会影响他人的排队等待以及公共空间的卫生安全。

教师可以从两方面给予教育和支持。首先,可以通过日常教育活动、盥洗室环境创设等途径向全班开展如何正确洗手的健康教育。其次,可以开展盥洗室安全与文明行为的教育活动,让幼儿了解水花四溅可能带来的安全隐患,以及养成节约用水、考虑他人排队等候等文明习惯的重要性。

此外,教师还可以在教室或户外创设各种可以玩水的有趣活动,如蘸水玻璃画、玩沉与浮、比多少等,在适合的季节、适合的环境下对水的各种特性进行探索,并融入艺术、科学等多领域的学习与发展。

(上海市芷江中路幼儿园提供)

3. 音乐响起来

某日,区域游戏即将结束,老师播放音乐提醒幼儿开始整理玩具,但辰辰依然沉浸于建构游戏中。没多久建构区传来哭闹声。

老师立刻介入其中:"怎么回事儿?"

"他抢我的积木。"辰辰哭喊道。

"我没有抢他积木,是老师说收玩具了他不肯收!"同伴说道。

幼儿园

常规管理篇

"所以你是想帮助辰辰收玩具对吗?"老师询问道。

"嗯。"

"辰辰,那是你不对了,音乐响起就表示我们的游戏时间到了,大家要准备学收纳的本领了。"

"我不要收玩具,我还没有玩好。"辰辰继续哭泣道。

"可是大家都要学收纳的本领了,不能因为你一个人,大家都不学而陪你玩。"

"我不要!我不要!"辰辰依然不愿意收玩具开始下一个活动,老师无奈下只好先开始教学活动。

请你运用现代教育理论评析该教师的行为。

 分析

案例中,同伴间争吵的根源在于该不该收玩具。很显然该同伴已经建立起规则意识,清楚地知道音乐在环节转换中所起的作用是什么,而辰辰"自我中心"的意识较强,因此他以满足自我需要为先。这正好反映出当幼儿个人意愿与班级集体规则之间产生冲突时,教师该如何处理的问题。

 判断

案例中教师能有原则地处理集体规则的问题,没有因为辰辰的哭闹而破坏规则让其继续游戏,较好地强调了集体规则的重要性,但是在辰辰的规则意识的培养上还须加强。

观点

幼儿的性格是在幼儿与周围环境相互作用的过程中形成的,2.5—6岁这个年龄段是幼儿秩序规范化的关键期,也就是说在学前阶段对于幼儿规则意识的培养是至关重要的,良好的规则意识对幼儿今后学习品质的培养也有着积极的作用。所以,在该阶段教师要注重帮助幼儿养成规则意识。

阐述

在幼儿性格养成之际，一定要紧紧抓住关键期的培养，不能一味地顺应他们的心理，可以采用不同的强化方式帮助幼儿遵守规则，形成规则意识。

例如，采用正强化的方式，及时鼓励和表扬幼儿，告诉他们遵守规则是好行为，应该要多做。规则意识的养成是一个漫长的过程，需要教师细心的观察和耐心的督促，这样才能为幼儿今后的学习、生活奠定良好基础。

（上海市长宁实验幼儿园提供）

4. 我们要做"大老虎"

班级中二宝的吃饭问题一直是老大难，有时她甚至连张嘴都不愿意，为了解决这个问题，老师想了很多办法。一天中午吃饭时，老师和小朋友一样端了一碗饭菜，夸张地示范："我是'大老虎'，嘴巴张得大，牙齿咬得快，一会饭菜吃光光。谁愿意和我一样也做'大老虎'？"孩子们都高兴地喊着："我也要做'大老虎'。"孩子们更愿意大口吃饭了，二宝也愿意做"大老虎"，把嘴巴张得大大的，老师表扬她："哦，这只'大老虎'吃得真棒，我喜欢你。"虽然二宝吃饭的速度还是有点慢，但最后全部都吃完了，老师奖励她一张大大的老虎贴纸，鼓励她明天还做"大老虎"。

请结合材料，从教育观的角度分析教师的行为。

分析

吃饭关系到幼儿最基本的健康，解决幼儿吃饭难、吃饭慢的问题是幼儿园教师生活工作的重中之重。

判断

案例中教师的做法是正确的，符合素质教育观的要求。

幼儿园　小　学　初　中　高　中

常规管理篇

观点

素质教育是促进学生全面发展的教育，关注学生的身心健康，注重调动学生的主动性和积极性。

阐述

吃饭是幼儿成长发育的关键环节，案例中教师为了让幼儿养成好好吃饭的习惯，通过教授幼儿模仿动物角色的方式，鼓励幼儿自己动手吃饭，激发幼儿的主动性与积极性。

教师尊重幼儿学习的主体地位，实施启发教学。教师采用各种教育方法，变"注入"教育为"启发"教育，激发幼儿学习如何大口吃饭的兴趣，引导幼儿动脑、动手和动口。材料中的教师通过强化幼儿正确吃饭的行为，使幼儿主动、活泼、愉快地吃饭，培养了幼儿良好的行为习惯。

总之，教师的这一行为促进了幼儿主动、自主的发展，通过实践活动培养了幼儿良好的行为习惯，贯彻落实了素质教育观。

专家点评

对事件中教师做法合理性的判断有误，要求"大口吃饭，一会饭菜吃光光"的引导方法与幼儿园生活教育中强调生活品质、注重个体差异的理念相悖。

（上海市本溪路幼儿园提供）

5. 番茄真难吃

午餐前夕，老师和孩子们玩"猜猜今天吃什么"的游戏。孩子们兴高采烈地猜出"番茄"时，传来嘟嘟的声音，"我最不喜欢吃番茄了。真难吃！"听到嘀咕声，老师转而问其他孩子："你们喜欢吃番茄吗？为什么？"这个问题得到了大部分孩子同意的回应。接着孩子们的话，老师鼓励嘟嘟试一试，嘟嘟看着老师并没有回应。老师转向所有孩子："小朋友们，我们给嘟嘟一点掌声，鼓励他今天试一试番茄的味道吧！"孩子们听完为嘟嘟响起了热烈的掌声，一个个都用期待的小眼神看着嘟嘟。"那好吧！"嘟嘟小声地回应了大家。

午饭后，嘟嘟自豪地和老师说："老师你看，我把汤里面的番茄全部吃完啦！番茄原来真的很好吃！"

请你运用现代教育理论分析教师的行为。

分析

案例中的嘟嘟喜欢挑食，对自己不喜欢的食物从一开始就排斥，而餐前的有关食物猜猜猜的游戏营造了快乐的餐前氛围，让孩子有积极的就餐意愿。

判断

同伴和教师的鼓励，让嘟嘟有了初探番茄的欲望，愿意去尝试。

观点

发挥同伴效应和积极鼓励的效果总是优于口头说教。遇到孩子挑食的问题，一味地和孩子强调食物的营养价值，一味地以成人的权威要求孩子吃下去，无疑都会引起孩子的逆反心理，反而让孩子对自己不喜欢的食物望而却步。

阐述

（1）教师的言语深刻地影响着孩子，教师要言传身教，做孩子的指示灯。教师简单的一句话就对嘟嘟的饮食行为产生了如此大的影响，短短几分钟的对话，就可以让嘟嘟主动尝试这个曾经让他很讨厌的番茄。

（2）发挥同伴效应，让同伴影响同伴。简短的对话，教师把问题抛给孩子，用孩子们的回答解决嘟嘟的困惑——番茄到底好吃不好吃？拒绝冗长、烦琐的说教，让同伴用自己的切身体验告知嘟嘟。中班的幼儿，对于食物积累了一定的日常经验，而且同伴的意识更为强烈，合作的意愿开始出现并逐渐增强。所以，同伴间的交流或许比教师单向的传授更易于让孩子理解和接受。

（3）一日生活皆教育，让随机时刻不随意。只不过是餐前几分钟的对话，改变的却是嘟嘟对于番茄的认识。结果看似只是嘟嘟尝试吃番茄，但过程却是嘟嘟在饮食习惯上迈出了一大步。通过无意识的猜谜游戏，了解个别幼儿的想法；通过有意识的引导，改变幼儿的行为。

（上海市冰厂田幼儿园提供）

6. 收玩具的音乐信号失灵了

自由活动时，中班的孩子三五成群在教室的不同区域玩游戏，有的趴在建构区专心搭建自己喜欢的东西，有的围在桌边热闹地进行着水果纸牌游戏，也有的悄悄躲在娃娃家小阁楼上玩着装扮游戏……

上课时间快到了，老师放了收玩具的音乐信号，乐曲放了一遍，只有两三个孩子听到信号回到老师身边，还有大部分小朋友都若无其事地继续玩着。老师走到游戏区中，几个孩子继续专注地搭建未完成的作品，老师提醒说："你们有听到音乐吗？玩具要回家了。"个别孩子听到老师的提示后慢慢地收拾起来，另有四五个男孩子跑来跑去。

音乐放了一遍又一遍，这时候老师大声喊："我数到10，看谁先过来坐好，1，2，3……10。"在老师尖锐的数数声中，孩子们终于陆陆续续回到座位上，等待时间较长的小朋友早就按捺不住，同伴间交头接耳，甚至有的推搡拉扯。老师反复提醒他们安静下来，可是谁也没有关注到老师的提示声，于是老师皱着眉头喊道"1，2，3，坐坐好"，孩子们终于被镇住了。

请你用现代教育理论分析教师的做法可取吗。

分析

自由活动中孩子专注于游戏，教师的音乐信号对孩子没有起到作用，原定的"听信号收玩具"的班级规则似乎失效了。部分孩子等待时间太久也分散了注意力。

判断

教师以命令式的口吻让孩子回到座位并安静坐好的方式显然是不合适的，明显该教师没有建立起正确的儿童观，教师在班级常规的确立和幼儿倾听习惯的培养方面缺乏有效的方式方法。

观点

幼儿自主游戏是他们最喜欢的方式，虽然先前有制定规则，但是中班幼儿对于规则还不能百分百执行，教师应该给予幼儿一定的时间，允许他们完成自己的作品。同时，幼儿有意注意的时间较短，长时间安静等待他人不符合幼儿的年龄特点。每个幼儿的个性特征不同，有的好动，有的自我，教师应尊重幼儿的个体差异。

阐述

基于这种情况，教师首先要反思问题的根源，思考改进措施，才能让班级规则的建立更加轻松有效，将被动转化为主动。

（1）幼儿班级规则的建立需要有效的方法，不能以"军队化"管理的方式来限定幼儿的行为。教师可以采用游戏、故事、比赛等方法，运用生动的语言和形象的肢体动作让幼儿自觉回到教师身边，自觉遵守规则。

（2）教师参与到幼儿的游戏中，观察并判断幼儿的即时需求，留给幼儿一定的弹性时间。教师可以提前给出告知，比如提前5分钟告知幼儿马上要上课了，应该提前做好准备，对于个别很难整理的区域可以和幼儿一起提早开始整理。

（3）避免让幼儿坐在座位上长时间等待，对于整理玩具和归位较快的幼儿，应及时给予肯定和表扬，比如评选"整理小能手""五星宝宝"等。在正面激励下，幼儿的积极性提高，不需要教师提高嗓门和命令式地规定，幼儿也能快速做出反应。班级常规的建立，有时只需要教师一个温柔的提醒，一个会心的微笑，一个肯定的眼神。

（上海市浦东新区蒲公英幼儿园提供）

幼儿园　　小　学　　初　中　　高　中

常规管理篇

7. 安静！安静！

一天早上，小班幼儿吃完点心，老师开始点名。那天有很多幼儿因为身体原因没有来园，点到1号陈晞尧、2号陈渝昊时，都没有人回答"到"。这时，孩子们左看看右看看说："他们没来。"好奇的优优和天天问："老师，他们为什么不来？"急于继续点名的老师头也不抬地说："生病了。"一听到"生病"二字，孩子们又开始七嘴八舌地说："生病要去医院的，我也生过病。""妈妈带我去打过针的。""要挂盐水的。""要吃药的。"……在名册上做好缺席标记的老师马上说："请安静，我要继续点名了。"

请你用现代教育理论对该教师的行为进行评析。

分析

这是一日活动中最平常的点名环节，进入幼儿园不久的小班幼儿情绪稳定后，逐渐开始熟悉和关心起身边的人和事，他们好奇身边发生的事情，会好奇为什么好朋友今天没有来。同时，幼儿对于生病有生活经验，听到教师说生病了，他们会主动地说自己知道的内容。

判断

案例中教师的做法是错误的，教师急于完成点名工作，而忽略了孩子的问题和表达的欲望，没有及时地捕捉教育契机。

观点

教师应该以幼儿为本，捕捉教育契机，积极引导，让幼儿在幼儿园充分自主地发展。

阐述

在这个案例中有以下几个教育契机。
（1）小班幼儿适应幼儿园生活后开始注意、关心周围的人和事，教师应该捕捉这个契机，培养幼儿关心同伴的品德，激起幼儿想念、关心同伴的情感。

（2）幼儿听到小朋友生病，他们有关于看病的生活经验，所以有强烈的表达欲望。教师可以借助这个契机，聊一聊医院、看病等。同时，教师可以在一日活动中的各个环节，如集体活动（故事、歌曲等形式）、生活活动（打喷嚏、流鼻涕）、生活环境的暗示、角色游戏（小医院）的情景再现、利用家长资源（医生）等开展班级小主题活动。

（3）生病的孩子变多了，可以引导幼儿发现天气的变换，知道这样的天气容易生病，让幼儿了解一些自我保护的方法。

教师要善于捕捉一切教育契机，以幼儿为本，把握时机，积极引导，做到在生活中学习、在学习中联系生活，利用生活使一日活动成为一个真正的教育整体，让幼儿在幼儿园"大家庭"中充分自主地发展。

（上海市青浦区佳佳幼儿园提供）

8. 我不会脱衣服

小班宝宝们要午睡了，老师在电脑里播放脱衣服的步骤图，详细地解说如何脱衣服，宝贝们听得可仔细了。

老师连续介绍了几遍之后，邀请聪明的欣欣来示范脱衣服，欣欣一下子就把套头毛衣脱掉了。老师看到孩子们学会了，就让大家去午睡。

大部分孩子都已经用老师讲解的方法脱掉了衣服，只见骏骏坐在床上脱套头毛衣，他双手抓着衣服下摆使劲儿往上拉，可是怎么也脱不掉。老师发现骏骏并没有用自己教的方法脱衣服，于是又跟骏骏解说了一遍，可骏骏还是跟老师的方法不一样。

尝试了几次，骏骏都没有成功，老师埋怨道："骏骏，其他小朋友都学会了，你怎么就是学不会？！"骏骏听了，也着急地哭起来。

老师的问题在哪里？

 分析

每个孩子的能力不同，学习方式也不同，孩子之间的个体差异往往比较大。

幼儿园　小学　初中　高中

常规管理篇

孩子学不会教师的方法，并非只有孩子的问题，教师也该反思自己的教学方式。

判断

教师责怪孩子学不会，显然是有失偏颇的，教师的问题在于教学方式的单一和对幼儿个体差异关注的缺失。

观点

幼儿个体差异大，有的孩子学习能力强，有的孩子要经过很长时间才能接受和学会。教师要尊重幼儿的个体差异，遇到发展慢的幼儿，应采取适合该幼儿的个别教育方式。

阐述

幼儿的能力发展和习惯养成是日积月累的，对幼儿的生活教育和自理能力培养要在一次次的反复尝试中进行，注重在真实情景中练习。生活活动是一种养成性教育，开展生活教育应考虑幼儿不同的生活背景、不同的能力等差异情况，比如在餐饮习惯、自理能力等方面要尊重幼儿的差异，提出不同的要求。

面对像骏骏这样的孩子，要考虑各方面的原因，如孩子在家的生活是否由家长包办、教师的图片示范是否对骏骏来说难以理解、骏骏在脱衣服时是否因为不成功而焦虑，等等。总之，教师要充分关注幼儿的个体差异，针对不同能力的幼儿运用不同的教学方法，以此推动每个孩子的发展。

（上海市金山区朱泾东风幼儿园提供）

9. "杀鸡儆猴"要不得

中午孩子们分组去盥洗室做睡前准备，老师忙着在教室里督促孩子脱衣上床。四个孩子迟迟不出来，还在盥洗室中讨论"小魔仙"，当时老师就觉得心中烧起了一把无名之火。老师将四个孩子叫了出来，发现其中三个女孩平时"挺乖"的，而另一个是"皮大王"，于是老师的目光转向了"皮大王"，对他进行了一通批评。另外三个女孩急忙拉着老师的衣角说："老师，我们知道错了，我们再也不会了！"想着这么下去也不是办法，老师便让三个孩子去睡觉了，心想还有一个没有认错的正好可以"杀鸡儆猴"，让孩子们知道这样做是不对的……于是老师开始和"皮大王"讲道理，其间去给孩子们整理被子，正好听到之前认错的小女孩轻声地和伙伴说："还好刚刚认错了。"

老师的行为对吗？为什么？

分析

"杀鸡儆猴"的方法以少数的牺牲实现了多数的顺从和恪守，并不符合教育的原则。

判断

案例中教师的做法是错误的。教育不是征服，而是源自对生命的基本尊重，源自对每一个受教育者真心的关爱。

观点

从师生关系上来说，"杀鸡儆猴"是不合适的。师生之间的关系不是居高临下的指令和被指令的关系，也不是治理与被治理的关系，更不是上下级绝对服从的关系，而应是平等、民主、和谐的关系。

阐述

"杀鸡"不能"儆猴"。班级管理是一项长期工作，不是一日之事。因为孩子的一个小错误，教师就大发雷霆，势必会挫伤孩子幼小的心灵。

从师生关系上来说，"杀鸡儆猴"违背平等、友好、融洽的新型师生关系原则。案例中的"皮大王"与三个"乖女孩"犯了同样的错误，教师要冷静处理，不能因固有观念草率地处理。教师一时的冲动不仅挫伤了"皮大王"的心灵，也造成了三个"乖女孩"的"投机"，未必会起到"杀鸡儆猴"的效果，并不利于良好师生关系的建立。

教师要学会了解、关注每个孩子，公平公正地对待每个孩子。特别是对于班里特殊的孩子，他们更渴望得到教师的理解、信任和赞扬。教师的信任、公平和公正有助于建立良好的师生关系。

教师如无法同时兼顾孩子上盥洗室、脱衣上床等多个生活环节，可分先后有序进行，使每个环节有序、有效地开展，这样有助于教师观察和照顾到每个孩子的情况，避免不必要的事发生，帮助孩子建立良好的午睡常规。

（上海市静安区教育学院提供）

10. 孩子"作弊"

每次喝完水后，老师都会要求孩子插一个吸管做记录，记录自己今天喝了几杯水。一般每次中午或者放学的时候老师会去关注孩子的吸管数量以了解今天孩子喝水的情况。集体活动结束后，老师让孩子去盥洗喝水，然后进入区域活动进行个别化学习。

玲玲为了尽快去选择自己喜欢的个别化学习，没有进盥洗室，一头冲进了餐厅，直接在自己的喝水记录杯中放了根吸管转身就准备走。这一幕正好被进来的老师看到了，老师批评了她，跟她说不可以这样，让她把吸管还回去，然后就走了。

请你运用现代教育理论评析该教师的行为。

分析

案例中教师批评了玲玲，把吸管还回去就结束了，但是事情的根源还没有解决，所以教师的处理不到位。

判断

案例中的教师就事论事（只制止玲玲没有遵守喝水记录规则的行为，没有再过多教育玲玲），是因为怕影响玲玲个别化的学习，但缺失了对玲玲在生活方面的教育。

观点

对于孩子的教育,不能仅是认知方面的,而应该是全方位的,生活、习惯等方方面面都应该考虑到。

阐述

玲玲的做法是为了玩而忽略了喝水,为了应付老师,又去放了记录喝水的吸管。

《3—6岁儿童学习与发展指南》中提到,要帮助幼儿形成良好的生活和卫生习惯,而培养良好的生活和卫生习惯的最终目标就是帮助幼儿逐步养成健康的生活方式,这对于幼儿的健康成长乃至一生的健康都具有重要而深远的意义。

因此,教师不仅要让幼儿改正没有正确记录的错误,还要让幼儿明白为什么要喝水,并且养成喝水的好习惯。建议在事发时,让幼儿喝水并完成记录,事后和幼儿交流,让幼儿明白喝水插吸管不是给老师看的,是为了提醒自己一天要喝多少水,是为了让自己的身体更加健康,为自己的长远发展打基础。

(上海市静安区教育学院提供)

幼儿园
环境创设篇

　　在幼儿园中,教师应该为小朋友创设怎样的教学环境和生活环境?当碰到一些有价值的教育契机时,如何有效生成教学资源呢?下棋、玩赛车、设计立交桥、鸡毛菜上出现了小青虫,这些有意思的问题,可能就发生在我们身边。希望下面的案例能给大家一些启示。

1. 纪念册变皱了

大班孩子马上就要毕业了，老师在教室的墙面上布置了"毕业纪念册"。孩子们可以邀请好朋友将姓名、电话、想说的话写（画）在纸上，并夹到墙上属于自己的夹子上。

一天，菲菲突然叫道："老师，我的纸变皱了。"原来，纸张的一端被固定在夹子上，时间一长，其余部分很容易翘起来或变皱。"那有什么办法让它变平呢？"老师借机问了声。"把它压压平。""用个东西放在后面撑住它。"周围的孩子们听到后都讨论起来。于是，老师请孩子们明天自己带材料来尝试一下，看谁的办法最好。第二天，他们带来了擀面杖、硬板纸、牌等，各自操作起来……

请你运用现代教育理论评析该教师的行为。

分析

孩子无意间的发现，让教师抓住了机会，教师没有直接为他们解决，而是将"球"抛向孩子们，给他们充分讨论和自己解决问题的空间。

判断

案例中教师的做法非常正确，教师把一个很好的探究机会还给了孩子。

观点

关注孩子的提问，激发孩子的学习热情，让学习成为一种自主自愿的行为，这比把结果直接告诉他们更容易被接受和理解。

阐述

当孩子提出疑问时，我们往往会直接给他们建议，或者帮助他们操作解决，可这位教师把问题抛给孩子，提高了孩子探究的积极性。让孩子自己解决问题，给了他们信心、快乐和成功的喜悦，这比直接告诉孩子答案，用大人的思维去引导他们更有用。当孩子看到同伴的新想法,能拓展他们的思维,便于以后迁移到其他问题的解决上。

(上海市黄浦区瑞金一路幼儿园提供)

2. 我们在玩开赛车

自由活动时,老师要求孩子们安静地玩玩具。明明和坐在边上的青青都带来了小汽车,两个人一块玩了起来,汽车你追我赶的,越玩越起劲,声音也随之越来越响。

明明:"看我的汽车加足马力,冲上来了!"

青青:"我转弯了,追上来了!"

老师听到声音后立刻制止:"不是说了安静玩吗?不许说话。"

两个孩子被老师的警告一下子吓住了,心不甘情不愿地放下汽车,轻轻嘟囔道:"我们在玩开赛车呀……"

请评价案例中教师的做法。

分析

自由活动顾名思义是给予幼儿高度的自由,包括结伴自由、空间自由、选择自由。幼儿在自由活动中释放的天性与教师不合时宜的强制规定,是这个案例中矛盾产生的根源。

判断

案例中教师的做法显然是错误的,教师的问题在于没有建立正确的课程观。

观点

教师要建立正确的课程观,了解幼儿的真正需求。自由活动属于游戏板块，其目的就是给予幼儿充分的自由、自主、快乐的空间。让幼儿成为这段时间的主人，在不出现危险的情况下，给予幼儿自主决定的空间，而教师要做的就是观察、陪伴，成为幼儿的玩伴。幼儿在其中可以充分地、平等地、自由地和同伴与教师交往、互动、分享情感等。

阐述

幼儿渴望拥有自由、自主的空间，他们最喜欢的就是自由活动，这段时间里幼儿可以自由地选择玩伴，在交往、互动中积累与同伴相处的经验，促进自身社会性的发展。他们可以自主地选择活动的空间、自主地选择玩具，尽情地释放天性，获得情感上的满足。

教师在自由活动中的定位是玩伴、是观察者，加入幼儿的游戏和他们一起享受自由时光，分享幼儿的情感。教师也可以观察幼儿在自由活动中的表现，分析他们的各种行为，了解幼儿社会性发展的情况。

教师建立正确的课程观，了解每一个板块的目的与作用才能更有效地落实一日活动，支持幼儿自主性的培养，才能真正走进幼儿的世界，成为了解幼儿的人。

（上海市实验幼儿园提供）

3. 来了一个新老师

开学了，班主任换成了刘老师，先前的赵老师去带另一个班了。刘老师起先很喜欢这个班的孩子，可是，不知为什么，一遇到事，孩子总喜欢说："以前我们谁吃饭快，赵老师就会奖励一个五角星""以前我们谁自己会系鞋带，赵老师就会抱抱我们""以前谁爱问问题，赵老师就会把一张聪明笑脸粘纸贴在我们的小脑门上"……

那么多的以前，终于有一天，刘老师忍不住吼道："现在开始是我刘老师带你们，从今天起，你们应该说刘老师，而不是赵老师。"

刘老师的问题出在哪里？

| 幼儿园 | 小 学 | 初 中 | 高 中 |

环境创设篇

分析

更换班主任是幼儿园在每学年开学前从每个学段班级管理的需要出发，而做出的一种人员安排和调整。面对孩子这么多的"赵老师"，刘老师内心无法接受原先赵老师在孩子心中所确立的崇高地位和建立的深厚情感基础，她的一声"吼"将直接导致师生情感的进一步疏离。

判断

案例中刘老师的问题在于没有把情感作为维系师生关系的纽带，没有进一步思考：为什么孩子会说那么多的"赵老师"，"我"应该用怎样的方式方法去赢得孩子的心。

观点

古往今来，在教学的舞台上有两个角色：一是学生，二是教师。作为一名教师，特别是接任其他班级的教师，是很具有挑战性的。教师首先要懂得欣赏，用欣赏的眼光看待每一个孩子，用欣赏的眼光看待每一位教师的工作绩效；其次要懂得情感维系，在尊重每一位教师和孩子已建立的师生情感的基础上，学会用自己独特的方式方法让孩子接纳自己，以自己的人格魅力和孩子建构一种新型的师生关系。

阐述

幼儿园的孩子年龄小，普遍缺乏安全感，他们需要与教师进行爱的情感交流和互动。一个爱的抱抱、一道赞赏的目光、一个翘起的大拇指、一声亲切的呼唤，都能使孩子产生积极的情感反应。教师一定要把握好和孩子的第一次接触，给孩子留下美好的第一印象，并让这种美好印象在今后的情感互动中得以延续。

师生情感交流的核心是爱的融入，这就需要教师从职业道德的高度认识师爱的意义，培养师爱情感，并掌握"施爱于生"的艺术，做到施爱于细微之处、施爱于需要之时、施爱于意料之外、施爱于批评之中、施爱于孩子之间、施爱于教育之中。

当孩子在你面前一直倾诉对前任老师的牵挂时，是孩子一种情感需要的表达，作为教师的你，应该学会读懂孩子，用你的教育艺术去延续这份美好，同时，用自身特有的魅力让孩子感受到爱，从而使师生情感达到互融。

拥有情感智慧的教师，会这样回应孩子："赵老师会奖励你一个五角星、一张笑脸，刘老师在奖励你五角星、一张笑脸时，还会给你一个微笑、一个大拇指、一个爱的抱抱！"

（上海市静安区南阳实验幼儿园提供）

4. 鸡毛菜上的小青虫

某日早上，小朋友们来到教室，观察种植角中自己种植的鸡毛菜，有个眼尖的小朋友看到了鸡毛菜上的虫，大叫起来："哎呀！我的鸡毛菜上有毛毛虫！"

这句话引来了许多小朋友，大家纷纷围拢过来，在鸡毛菜上找寻着毛毛虫。老师看到许多小朋友在一起觉得会有危险，于是大声叫道："不许去看毛毛虫，回到座位上坐下来。"一场看似有些乱的活动就这样结束了。

小朋友们回到座位上还在讨论着："这个毛毛虫会不会把我的鸡毛菜吃掉呀！""我们要不要去把毛毛虫抓掉呀！"

请你运用现代教育理论评析该教师的行为。

分析

幼儿发现鸡毛菜上的虫，对这些虫产生了兴趣，教师没有顺着幼儿的兴趣，支持幼儿的探索行为，而是用教师的权威，让所有的幼儿回到座位上，完全打断了幼儿的探索。

判断

案例中教师的做法显然是错误的，教师没有抓住幼儿生成的兴趣点，其实是对幼儿的不尊重。

| 幼儿园 | 小学 | 初中 | 高中 |

环境创设篇

观点

抓住幼儿的兴趣点，从幼儿当前兴趣出发的活动，效果往往会更好。教师只有尊重幼儿，发现幼儿的兴趣点，才能更好地促进幼儿的发展。

阐述

城市里的孩子，没有见到过植物上的菜青虫，当他们发现鸡毛菜上的菜青虫时，只能根据自己的认知经验，猜测那是毛毛虫。教师看到幼儿的这个探索，却打断了他们，对幼儿是非常不尊重的。

在幼儿的探索过程中，教师应该给予支持与指导。教师需要尊重幼儿的兴趣，也需要引导幼儿通过观察、考证和推理的方法，获得正确的认知。

在这个案例中，教师其实可以在确保幼儿安全的情况下，让他们想办法把鸡毛菜上的虫取下来并进行观察，询问幼儿这是什么虫，当大部分幼儿都认为是毛毛虫时，可以让幼儿一起看看毛毛虫长什么样子，并与鸡毛菜上的虫进行比较，给予幼儿正确的认知——这个虫其实是菜青虫。

（上海市静安区南西幼儿园提供）

5. 让我来排兵布阵

"让我来排兵布阵，把敌人打得落花流水、落荒而逃！"

语出惊人的洋洋，速度也惊人，拿着泡沫积木当"飞机"挥舞着往前冲，一个劲冲到了他自己用积木搭的"飞机场"，开始哈哈大笑，小朋友们也被他逗乐了，也笑了起来。

老师听到笑声大喊一声："洋洋你给我过来，你去娃娃家玩，不要老在建构区打打闹闹！"

洋洋没好气地说了句："娃娃家的游戏那么幼稚，我才不要玩！"

请你运用现代教育理论评析该教师的行为。

分析

去哪个区域玩并不是解决问题的关键,幼儿对游戏个性化的兴趣点与教师简单粗暴地换区域的处理方式是本案例矛盾产生的根源。

判断

案例中教师的做法显然是错误的,教师的问题在于没有尊重幼儿的游戏选择和个性差异。

观点

在游戏中,教师必须了解游戏的价值,尊重幼儿爱游戏的天性,保证幼儿游戏的时间。教师的任务主要是通过观察游戏过程了解幼儿,通过环境的创设和适当的介入支持幼儿的游戏,而不是为了所谓的"有序"活动,干预幼儿的游戏选择。

阐述

游戏之所以对幼儿来说充满吸引力,正是因为它是一种自发、自主、自由的活动,每个幼儿在游戏中都能找到自己的乐趣所在。

游戏中的洋洋,不喜欢娃娃家的游戏,却对"开飞机战斗"的游戏情有独钟,其实正反映了典型的男孩子的游戏兴趣。

从洋洋的游戏行为中可以了解到,洋洋将积木替代表征为飞机,将积木拼插之后替代为飞机场,在玩开飞机的游戏中,洋洋连着说了三个成语,其词汇量非常丰富,且表现出较强的语言表达能力,而他哈哈大笑正反映出他在游戏中的情绪非常愉快。

教师不妨在观察的基础上,为洋洋提供玩"开飞机"游戏的材料,如飞行员的帽子和衣服、军人的衣服、不倒翁及相关低结构材料,让他充分体验游戏的乐趣,展现男孩子阳刚的一面,促进其情感和个性的健康发展。

(上海市闵行区莘庄镇幼儿园提供)

幼儿园 小学 初中 高中

环境创设篇

6. 你弄坏了我的机器人

轩轩和祺祺两个人正在玩雪花片。他们各玩各的，轩轩在搭机器人，祺祺在搭恐龙。不一会儿，祺祺就把恐龙搭好了，他得意地想向轩轩展示他的作品。祺祺说："你看，我搭的恐龙像不像？"轩轩还在低头搭机器人，并没有理会祺祺。祺祺看轩轩不理他，就提高了声音对轩轩说道："你看呀，我的大恐龙！"轩轩还是没有抬头，继续搭自己的机器人。祺祺好奇轩轩在搭什么，就摸了摸轩轩的作品。轩轩立刻就不高兴了，发出了"哼哧哼哧"的呼吸声，把雪花片重重地摔到地上，还踢了祺祺的大恐龙一脚，一边还高声哭叫着："你弄坏了我的机器人！你弄坏了我的机器人！"老师听到轩轩的声音，看到一地狼藉，问道："谁干的？"祺祺说道："是轩轩，他摔了雪花片，还踢我的大恐龙。"老师听了，立刻生气地批评了轩轩。

教师的行为对吗？请简要分析。

分析

在分析教师行为的背后，首先要分析两名幼儿的行为，单纯分析轩轩的行为或祺祺的行为都是片面的。

判断

该教师的行为是错误的，问题在于她仅根据自己的所见所闻——满地的狼藉和祺祺单方面的指证，就片面地批评了轩轩。

 观点

教师在分析幼儿、评价幼儿时，要整体地看待，而且要在具体的情境中分析。如果单纯地只关注单个行为而不问其发生的脉络和缘由，就会得出偏颇的结论。

阐述

碰到这样的情况时，教师可能会把分析的重点放在轩轩这样的孩子身上，有可能会认为轩轩的交往能力比较薄弱，不仅不理会其他幼儿的主动交流，还不满别人触碰他的作品，出现破坏性行为（摔东西、踢东西）和高声哭叫的情绪。轩轩的表现说明他没有或不愿意理解他人的交往意愿（主动找自己说话），没有理解他人的行为（只是摸了一下他的机器人），遇到问题不能较好地管理自己的情绪（反应过激），交往语言欠缺，没有利用语言与同伴沟通，以表达自己的想法。

但如果我们从幼儿的整体来看，对轩轩做一个比较全面的分析就会有客观而积极的评价。例如，轩轩注意力非常集中，祺祺两次搭话他都没有理会，专心做自己的事情，这是一个很好的学习品质。是因为祺祺多次的打搅，轩轩最终才动怒爆发。我们反过来看祺祺的行为，他急需获得对方的关注、肯定甚至赞美，所以他做出了两次搭话、触碰别人的作品等行为。那么他的行为是否恰当呢？没有得到允许就动别人的东西好吗？不断打搅专心致志的同伴好吗？

教师应该分别询问两名幼儿，听听他们各自的解释，把事情的缘由梳理清楚，对两名幼儿都进行客观的分析，再针对两名幼儿存在的问题分别引导和教育，而不是根据事情最后呈现的情况和某方的一面之词就急着下定论。

（上海市嘉定区清河路幼儿园提供）

7. 谁来照顾植物角

几名幼儿正在植物角欣赏植物，其中一名幼儿提起水壶正准备给一盆植物浇水，班内老师看见了，快步走过去说："别给植物浇水，老师会给它浇水的。"

这个孩子赶忙放下了水壶，嘴里嘟囔着："我看花盆里的泥有点干嘛。"

过了一会儿，老师把班内的孩子集中起来，说："我们马上就要进行植物角的评比了，老师会照顾好这些植物，你们只要记得每天做好植物的观察记录就可以，明白了吗？"

孩子们无精打采地说："明白了。"

案例中教师的做法正确吗？为什么？

幼儿园　　　小　学　　　初　中　　　高　中

环境创设篇

分析

案例中的问题直指到底该由谁来照顾植物角，答案是显而易见的，那就是孩子们。本案例中教师对于植物角创设的初衷有失偏颇。

判断

案例中教师的做法显然是错误的，她的问题在于没有把幼儿作为学习的主体，同时对自身的定位不清晰。

观点

教师是活动的指导者和引导者，但这不意味着包办，教师应该把学习和探索的机会还给幼儿，让他们成为活动的主人，去体会其中的奥秘。

阐述

植物角创设的目的是给予幼儿亲近自然的机会，通过照顾和观察植物、小动物等的生长，引发幼儿对大自然的喜爱和对事物进一步探究的兴趣。

在幼儿照顾植物角的过程中，他们的自理能力和照顾他人的能力都会得到提高。在这样的过程中，教师一方面要鼓励幼儿去尝试、观察和记录，另一方面也要尊重幼儿，保护他们的好奇心。

教师不妨鼓励早来的幼儿或者值日的幼儿了解植物的习性，并尝试照顾植物，在此基础上做好观察记录和分享，把主动权和自主权交给孩子。

（上海市青浦区实验幼儿园提供）

幼儿园
家园互动篇

如何跟家长进行有效的沟通交流是教师的必修课。孩子越小,家长的关注度和参与度就越高,稍有不慎,就可能产生误解和矛盾,特别是当幼儿有些小意外时更容易激发矛盾。希望下面的案例能给大家一些启示。

幼儿园　　小学　　初中　　高中

家园互动篇

1. 放学后的"答家长问"

放学了,家长们在教室门口排着队依次接孩子,新教师叫着孩子的名字把他们送到家长手中。

"老师,我家豆豆今天表现怎么样啊?"豆豆爸爸难得来接孩子,很少有机会和老师交谈,所以特意留下来询问孩子的情况。

"豆豆可真调皮,午睡时一直睁着眼睛,还要去捉弄旁边的小朋友。上课时扭来扭去,没有人愿意和他一起坐。你可得好好管管他。"

"哦,好吧,我们回家一定好好批评他。"豆豆爸爸拉着孩子悻悻地离开了。

接着依依的奶奶也来询问新教师:"老师,我们依依午餐吃得好不好?"

"这个,让我想想哦,好像吃得还可以的。"新教师有点不确定地说。

"可是他回家总说饭菜不好吃,最后老师都倒掉了。"

"嗯,也许吧,有的时候孩子有些菜不喜欢吃,保育员老师只能帮他处理掉了。"新教师又补充道。

"这样啊,那老师们以后能否注意一下,尽量督促他吃完。倒菜真的不好,我们希望孩子能养成良好的用餐习惯。"依依奶奶说完就带着孩子走了。

新教师有点尴尬地站在原地,若有所思……

请你运用现代教育理论评析该教师的行为。

 分析

与家长交流是一门艺术,要讲究沟通的方法和策略。如何正确反映孩子的情况同时又能让家长接受,是每位教师都应该思考的问题。对幼儿的了解和家园之间互相尊重是交流的前提,交流时教师应根据家长的需求找准沟通的切入点,使每一次沟通都能顺利进行。

判断

案例中新教师的做法显然是不妥的,她的问题在于平时对幼儿的了解还不够,同时缺乏与家长沟通的策略,使沟通陷入被动,难以取得家长的信任。

观点

教师要理解家长,用心建立家园交流的基础;要了解每一个孩子的特点,有针对性地多进行沟通;在与家长沟通的过程中,要有一定的方法和策略,使家园沟通更良好、更有效。

阐述

首先,真正了解孩子是教师与家长交流的基础。教师在日常工作中要善于观察,多思考,要真心关爱每个孩子,建立起良好的师生互动关系,同时要有针对性、有重点地多与问题儿童的家长进行沟通。比如,案例中新教师对于皓皓的用餐问题,显然还不够了解,所以遇到家长询问时沟通就非常被动,让家长觉得老师不够关心孩子,难以建立起互相信任的家园关系。

其次,教师在与家长沟通的过程中,要有一定的方法和策略。

(1)不同类型的家长对孩子关心的方式不同,教师要根据家长的需求,找准沟通的切入点。

(2)要"多报喜、巧报忧"。在与家长的交流中,教师要能生动地描述出其孩子在幼儿园的具体表现,这样家长会从你的言谈中感受到你对孩子的关爱和重视,也能让教师在家长心中留下工作细致、认真负责的好印象。

案例中,新教师和家长的沟通有点像"告状",指责因孩子的问题给教师教学工作带来多少不便、给其他孩子造成不好的影响,等等。与家长沟通孩子的缺点时,应该一次只说一个方面,只解决一个问题,而不要把孩子所有的缺点和错误都罗列一遍,这样只会让家长更沮丧,甚至对教师的能力表示怀疑。妥善的做法是,强调孩子的缺点对他自身未来的发展有什么负面影响,并要表明相信孩子一定会改掉缺点的,让家长感觉到教师的目的是为了孩子着想,而非为了教师工作上的便利,这样家长才更容易接纳教师的建议或意见。

(3)要善于倾听家长的意见。教师谦虚、诚恳、专心地倾听家长的意见,会让家长感觉到自己很受重视。

(4)要尊重家长,多提建设性的意见,不要居高临下。在处理孩子的问题上,教师要先和家长交流自己都做了哪些工作取得了什么成效,然后再提出需要家长从哪方面配合。

(5)当家长遇到问题或困难时,教师一定要从家长的角度考虑如何帮助他们。教师要学会换位思考,想家长所想、急家长所急,寻找让家长能够接受的

幼儿园　小学　初中　高中

家园互动篇

解决问题的方法或途径。

（上海市杨浦区翔殷幼稚园提供）

2. 生活老师有偏见吗

贝贝的妈妈向园长告了一状，她怀疑生活老师对孩子有偏见。

面对贝贝妈妈，生活老师觉得很委屈，对于孩子她自以为都是一视同仁的。可贝贝妈妈说，孩子在幼儿园经常被老师忽视，她想吃带草莓的蛋糕，可老师就是不给她，却给了旁边的小朋友；领水果的时候，贝贝明明排在前面，但是却最后一个才得到；午睡结束了，贝贝的鞋子拉链一直没有老师帮她拉上去……孩子觉得很难过。生活老师也有说不出的难过，那么多小朋友都需要老师照顾，总得有个先后嘛，贝贝又那么内向，她总是退让，老师能怎么办呢？

请你运用现代教育理论评析案例中教师的教育行为。

分析

生活老师究竟对贝贝有没有偏见都不是重点，重点是家长对幼儿园的不信任。教师的一些小动作和行为，忽视了孩子，不重视孩子，才是本次矛盾的根源。

判断

案例中妈妈的说法显然不客观，但是她选择了平心静气地和教师沟通，说明妈妈还是有一定的理性，没有无理取闹。

观点

对于教师而言，在集体生活中，虽然工作繁忙，但是自己的行为要特别小心，不能让幼儿感觉自己不受老师的重视。对于幼儿而言，在集体生活中，有时候需要分享，有时候需要体谅，不能事事以自己为中心。

阐述

面对这种情况,教师可以参照以下做法。

(1)静心倾听家长的意见,冷静分辨及应对。

这次的事件中,虽然家长的情绪没有失控,但却流露出了对于生活老师的不信任和焦虑情绪。

面对家长的诉说,首先,教师不能打断家长的叙述,即使家长叙述的信息有误,也不要着急和生气,否则会激化矛盾。其次,教师可进行适度解释,一定不要针对家长的叙述一一反驳,只需对明显不合事实的地方提出质疑,比如,蛋糕上的草莓只有几块,生活老师只是随意分给孩子的,贝贝提出要的时候,可能已经没有了,等等。同时说明自己会去核实,以便给予双方反省和思考的时间、空间。

(2)让家长眼见为实,亲身感受,以便做出客观的判断。

可以提出今天让家长参与幼儿园生活,并且不事先告知生活老师,让家长亲身感受生活老师的工作情况或表现,消除家长因道听途说或按照习惯思维而形成的错误归因。

(上海市奉贤区江海幼儿园提供)

3. 小朋友发生意外后

一天下午户外活动,乐乐和豆豆骑着充气马玩追逐游戏,兴致勃勃中,后面的豆豆追上了乐乐,但一时刹不住,两匹马撞到了一起,前面的乐乐向前一冲,栽倒在地,鼻子出血了。

老师连忙过去,给乐乐冷敷、塞棉花,止住了鼻血。

放学回家时,老师对乐乐和豆豆的家长说,孩子打闹的时候,乐乐被豆豆碰倒了。

乐乐的奶奶看到孙子身上的血迹和肿起的鼻子,不高兴了,严厉地斥责豆豆:"你这个孩子怎么这么皮?"豆豆的妈妈一下子不知道说什么好。

请评析案例中教师的行为。

幼儿园　　小学　　初中　　高中

家园互动篇

分析

孩子之间打闹，有时候是容易发生意外，但当意外发生时，教师如何处理现场，以及之后的家长工作，才是形成良好家园关系的关键。

判断

案例中，教师对于乐乐流鼻血的处理很及时，但是更应该带孩子到保健室让保健老师进一步治疗，并且对于孩子衣服上的血迹也应该有初步的处理。在和家长沟通时，更好的方式是单独跟两位当事人解释，而不是将责任直接归到豆豆身上。

观点

应对突发事件，教师要及时处理并和家长展开及时而有效的沟通。

阐述

（1）保健老师的治疗比一般老师更专业，也更能得到家长的认可。

（2）孩子身上污渍的处理也很重要，家长接孩子时，第一眼看到孩子身上的血迹都会激动，所以，有条件的话给孩子更换衣服或者进行简单的擦洗，能缓解家长的情绪。

（3）孩子发生意外时，教师应该第一时间跟家长诚心道歉，表示自己的看管不力，照顾不周，然后说清自己所采取的措施和保健老师给予的意见，这样更能得到家长的原谅。

（4）应与乐乐和豆豆的家长单独沟通，说清楚事情发生的经过，豆豆并不是恶意攻击。跟乐乐家长说明情况，豆豆是在游戏时不小心将同伴碰伤。同时，与豆豆家长沟通希望他们能出面跟对方打电话道个歉。这样两方家长都有时间缓冲心情，冷静下来一定能相互理解。

（5）加强安全教育，强化幼儿的安全意识。

（上海市奉贤区南中路幼儿园提供）

4. 产生分离焦虑的幼儿

小班幼儿帆帆每天来园都是妈妈连拖带抱送进教室,他抱住妈妈哭着说:"妈妈,跟你说一句话,你一定要第一个来接我。"妈妈:"放心,我一定会准时第一个来接你。""妈妈,我再跟你说一句话……""你再多说一句话,我就晚五分钟来接你,你自己考虑。"

于是,帆帆撒开了抱着妈妈的双手,抹着眼泪独自跑到区角的沙发上坐下。老师对此已经习以为常,摸了摸帆帆的头,递给他一张纸巾让他擦擦泪就走开了。

请你用现代教育理论评析案例中存在的问题。

分析

小班幼儿来园出现一些情绪波动,看似是再正常不过的现象,却反映了幼儿、家长、教师三者不同立场、不同态度的处理方式。

判断

小班幼儿不习惯与父母分离而产生分离焦虑时,家长采取威胁的办法是错误的,教师采取冷处理的办法也非明智之选。

观点

以幼儿为主体,尊重幼儿,关注幼儿的心理发展,坚持育人为本的儿童观,才能促进幼儿的健康成长。

阐述

小班幼儿的分离焦虑具有个体差异性,表现出的行为方式也不尽相同。案例中"区角的沙发"成了帆帆在园情感的寄托和安全的港湾,这种行为体现出他缺乏安全感,没有建立起对同伴、对老师的信任。

面对幼儿的这种分离焦虑,教师应该采取积极主动的策略。一方面,通过家长了解幼儿在家的情况,如是否存在溺爱的情况,分析幼儿本身的个性因素、

幼儿园 小学 初中 高中

家园互动篇

交往能力等，有针对性地给幼儿营造温馨的班级环境，帮助幼儿建立新的稳定的依恋关系。另一方面，幼儿是具有能动性的教育对象，教师应利用幼儿的思维方式来鼓励幼儿结识新朋友，学会新本领，增加幼儿的自信心，加强幼儿的安全感，分散幼儿的分离焦虑，减轻幼儿的心理压力。

案例中的教师不妨坐下来和幼儿进行谈话，倾听幼儿的诉求，了解幼儿内心的真实想法，进而帮助幼儿解决问题，促使幼儿健康成长。

（上海市奉贤区实验幼儿园提供）

5. 谁是"快乐好宝宝"

这天早上，我正站在教室门口迎接家长和孩子们，豪豪奶奶悄悄地把我拉到一边说："豪豪昨天在家里哭得稀里哗啦，说老师说好的'快乐好宝宝'是他，怎么昨天颁奖状的时候不是他。"奶奶说着也是哭笑不得。

这样一说，我才想起来，那天跟搭班老师一起讨论这学期"快乐好宝宝"的称号给谁，是有说到豪豪，不过后来由于各种原因换了人。我们两个人讨论的时候，豪豪正好就在附近，莫非是那时候就记在心里了。

于是，我赶忙和豪豪奶奶说清了这件事的前因后果，我们两个人都觉得现在的孩子真是"小人精"呢。

请运用现代教育理论评析该案例。

分析

没有评上这次的"快乐好宝宝"也许是豪豪伤心的一方面，但更多的其实是他认为老师说话不算话，受了很大的委屈。

判断

在幼儿面前，尤其是在大班的幼儿面前讨论这类事情，其实是教师的失误。教师没有深入了解大班幼儿的心理和年龄特点，还把他们当成什么都不太懂的"小孩子"。

观点

　　每个幼儿都是一个独立的个体，教师应多关注幼儿的感受，充分尊重、理解他们，保护其自尊心和自信心。并且教师要以平等的态度对待幼儿，使幼儿切实感受到自己被尊重。教师也要以身作则，说话算话，以免伤害孩子美好的心灵。

阐述

　　大班的幼儿其实已经是一个"小大人"了，在很多事情上，他们都有自己的主观意识和判断能力。豪豪听到了自己的名字，主观判断自己是"快乐好宝宝"，之后知道不是自己，觉得非常委屈，自尊心受到了打击。

　　教师在一日生活中，不仅要注重教育教学，也要注重幼儿的个体发展，了解每一个幼儿的性格特点，培养幼儿个性的发展，尊重每一个个体，保护幼儿的心理健康发展，让其永葆童心。

　　案例中的教师应该和豪豪谈谈心，以平等、尊重的姿态面对他，把事情的经过和他分享，解除他心里的障碍，获得他的理解，并且鼓励、肯定他，帮助他重拾自信。

（上海市奉贤区实验幼儿园提供）

幼儿园
保教实践篇

    学前教育和义务教育的不同之处在于,教师需要通过各种不同的方式创设场景、开展活动、寓教于乐,让幼儿在实践中自主探索、愉快成长。这是充分体现教师智慧的地方。

1. 游戏中的适时支持

小班户外活动玩圈圈时,浩浩把圈圈套在身上玩开汽车的游戏,嘴里嘀咕着:"嘀嘀、叭叭。"这时胖胖也来凑热闹,他把圈圈套在浩浩身上,双手拉住圈圈一起开汽车。老师看见,对他们竖起了大拇指。过一会儿,其他小朋友看见了,也拿着圈圈参与其中。

第二天,孩子们又玩起了开汽车游戏,可是玩一会儿就拿着圈圈走来走去不玩了。这时老师故意在辅助材料筐中,放置了自制的红绿灯标志。浩浩看见了,从筐中拿出红绿灯做起了交通警察。神气的浩浩,站在路中高高举起了"红灯",小司机们,马上停车;"绿灯"举起,小司机们的车子又开动了,这下又引来许多小朋友加入玩开汽车的游戏了。

教师的做法有哪些可取之处?

分析

幼儿在愉快、轻松、自由的活动中自娱自乐,在玩中获得发展。在幼儿自发地玩起开汽车游戏时,教师运用肢体语言加以肯定,使得许多幼儿参与了游戏。当幼儿对开汽车游戏的兴趣跌落时,教师关注到了并及时调整运用富有情景的辅助材料,重新激起幼儿的兴趣,进一步调动幼儿主动游戏的积极性。

判断

教师在活动中采取了有效的支持策略。适时、适宜、适度地鼓励幼儿和环境中的人、物产生有意义的互动,并通过增添新材料,支持他们发现问题,主动建构知识和经验。

观点

小班幼儿注意力易分散,参与活动的持续时间短,只有自由、开放、富有情景的运动环境和多变的材料,才能让幼儿无拘无束地参与活动,激发幼儿参与活动的兴趣,使幼儿体验愉快的情绪。

 幼儿园　　小　学　　初　中　　高　中

保教实践篇

阐述

　　幼儿运动的重要目标之一是激发幼儿参与运动的积极性,因此如何激发幼儿运动的兴趣应成为教师的一个关注点。在运动中,教师要重视对幼儿情感的熏陶,要充满热情,使幼儿活动情绪高涨,感到愉快、自在,能兴趣盎然地参与运动。

　　小班幼儿在运动中的兴趣有时会很短暂,同时由于他们不善于用语言表达自己的需求,就更需要教师细心观察。教师可以观察幼儿的种种表现,判断他们的兴趣指向,并及时在活动中进行调整,以此激发幼儿新的游戏兴趣,让幼儿体验运动带来的快乐。

　　案例中教师为推进游戏还可以增添一些路标(如幼儿园、转弯标志、停车场标志),以进一步增强幼儿自主运动的情景性。

(上海市黄浦区瑞金一路幼儿园提供)

2. 嘘……(噤声)

　　老师躲在黑板背后摇响事先藏起的铃鼓,孩子们凝神倾听着,很快就纷纷做出了自己的判断,"是小铃""是小鼓"……

　　天天挥舞着小手,"是铃!是鼓!",老师对着孩子点点头,做了一个"嘘……"(噤声)的动作。

　　"是铃,也是鼓!"天天拔高了声音,老师又做了一个"嘘……"的动作。

　　天天清亮的声音依然在教室中缭绕,这回,老师干脆不予理睬。天天的声音一声响过一声,大有盖压群声的气势,不依不饶、执着地在教室中回响……

　　教师的行为有哪些不当之处?请简要评析。

 分析

　　孩子有着积极的表达愿望,尤其当孩子觉得自己的发现明显是不同于他人的"独特"想法时,就更加希望自己的表达能够被教师所关注。案例中孩子的内在需求明显没有被满足。

判断

案例中教师行为的不恰当之处在于忽略了孩子寻求关注背后的真实需求，究其根本是教师儿童观的问题。

观点

幼儿阶段是个体生命发展的重要时期，有着区别于其他年龄段的特质，认识到孩子的年龄特点，给予尊重和支持，才能保护好孩子探索、发现和表达的热情，为孩子今后的可持续发展奠定基础。

阐述

孩子是纯粹的，他们所关注的是他们最感兴趣的，所表达的也是当下最想说的，不同之处或许只是表达形式上的差异。

对于案例中的天天，教师如果静下心来去倾听的话，就会惊讶于她的"与众不同"，这份不同来源于她对声音的敏感和对日常经验的梳理总结。多棒的分析与判断呀，孩子正"自得"于这份不同于他人的发现，想获得来自教师的认同。但是，多次的表达收获的仅仅是一个颔首的动作，可想而知孩子当时的失望与不甘有多浓，那一声响过一声的话语，其实还在表达另一个声音——"老师，你没懂我"。

或许，在这个时候，教师可以借助天天的表达，引导孩子们听听别人的不同想法，想想为什么会听到两个声音，由孩子的发现引向下一个环节，既满足了个别孩子表达的愿望，也引发了更多孩子对"秘密"揭晓的期待。

（上海市虹口区实验幼儿园提供）

3. 着火了！着火了！

"着火了！着火了！"娃娃家的厨房间传来叫喊声。

教师意识到一场救火的游戏即将到来，大声提示道："大家别靠近，小心烟

幼儿园　小学　初中　高中

保教实践篇

雾!"对着幼儿说:"着火了,怎么办?"

知识渊博的杨杨马上反应到:"打119!"

在教师的引导下,孩子们用小手当"毛巾"捂住了嘴巴和鼻子,快速从娃娃家逃出来……

另一名教师随即拿起卫生间的水龙头,模仿消防队员往厨房冲。

请运用现代教育理论对该案例进行评析。

分析

角色游戏的内容主要来源于幼儿的生活,最终的目标又是回归于生活。在"119"消防日的宣传期,幼儿在电视节目里可能看到了一些相关的信息。所以,厨房里的灭火这一幕正是一个良好的教育契机,教师可以抓住它进行相关的安全教育。

判断

案例中教师的做法是带领幼儿认识实际中如何灭火,并进行逃生的练习。

观点

让幼儿理解着火这件事,知道应该采取相应的办法进行灭火,并知道如何保障自身安全。

阐述

从上述案例中可以看出,在校园内的消防知识普及及实际消防演练已经渐渐深入幼儿的心里,游戏中常常喜欢出现这样的情节。灭火是幼儿安全教育的课程之一,它可以是一个独立的扮演活动,也可以和其他扮演主题相结合进行。教师参与游戏,在游戏中充当幼儿的玩伴,并将相关的救火经验和逃生经验以游戏的形式传递给幼儿。

活动中,教师可以在交流活动及材料提供方面支持幼儿。①交流支持:游戏交流时,请幼儿讲讲今天厨房间发生的事,让幼儿在获取逃生、救火经验的同时也知道该如何防火,如烧东西时人不能走开。②材料支持:在游戏中,材料的投放可以引发幼儿游戏行为的产生,在游戏区里放置一些玩具消防车、水管、电话等作为辅助玩具,可以让幼儿更好地自由发挥和想象替代。

在以后的游戏中,经常会出现"着火了"的游戏情景,幼儿拨打"119"电话,模拟救火逃生,在游戏中巩固相关的逃生知识。教师应明白如何防患于未然是更重要的,所以在以后的交流讲评中应更注重"如何防火"的交流,还可以进行"安全之家"的评比。

(上海市静安区南西幼儿园提供)

4. 太阳是什么颜色的

一次美术活动上,幼儿跟着老师一起涂图画书。

小亚举手说:"老师,浩浩的颜色涂错了!"

老师走近一看,浩浩把天上的太阳涂成了绿色。老师说:"你们见过绿太阳吗?"

小亚大声说:"从来没有,天上的太阳就是红色的。"

浩浩说:"那又怎么样,我就喜欢绿太阳。"

老师说:"喜欢归喜欢,我们要讲科学,太阳应该是红色的。"

浩浩低头嘟囔:"太阳是彩色的。"

请你运用现代教育理论评析该教师的行为。

分析

太阳是不是绿色并不是师幼冲突的原点,幼儿对物体的认知经验与教师对物体的认知经验之间存在着冲突。

判断

案例中教师的做法显然是错误的,她的问题在于对幼儿的认知经验缺乏理解,教师的主导性过强。

幼儿园

保教实践篇

观点

以幼儿为主体，尊重幼儿的认知经验，保护幼儿的想象力，理解幼儿的行为和认知经验，才能真正地了解幼儿。

阐述

教师要尊重和理解幼儿，静下心来，仔细倾听幼儿对太阳的认知。一方面教师要尊重幼儿的想象力，另一方面要运用科学的教育手段，保持幼儿对于太阳多色的兴趣。教师可以与幼儿一同通过视频等手段，了解关于太阳的相关知识，这样起到的效果会更好。

（上海市闵行区虹鹿幼儿园提供）

5. 孩子的作品不是垃圾

角色游戏的宠物店中，有几个孩子窝在一起，把麻绳、扭扭棒、吸管等材料摊了一桌子，然后把这些材料缠绕在一起，用剪刀不断地将麻绳一根根剪开，继续往上缠。

带班老师看见宠物店变得乱七八糟，走过去问："你们怎么玩的？宠物店像个垃圾站！赶快把这些材料整理干净，好好玩！""老师，我们想给宠物做个笼子！"一个孩子解释道。"这是笼子吗？这是一堆垃圾，赶快整理好！"孩子们听了，只能默默地将这一堆老师所谓的"垃圾"清理了。

案例中教师的做法合理吗？

 **分析**

在游戏中，幼儿有没有好好玩？答案是肯定的。当幼儿发现游戏所需要的物品没有现成的时候，他们运用材料自己建构，可以看出他们的游戏水平是比较高的。但教师却主观地认为幼儿不在游戏，是故意把宠物店弄乱了，教师在教育观念和对于游戏的理解上是存在问题的。

判断

案例中教师的做法显然是错误的,教师的问题在于主观地将自己的想法强加在幼儿身上,没有尊重幼儿的意愿,并否定了幼儿。

观点

幼儿是游戏的主体,在游戏中教师应充分给予幼儿自主权,不要以成人的眼光和指导者的角度看待幼儿的游戏,而应以引导者、支持者和合作者的身份,支持幼儿的游戏,让幼儿真正成为游戏的主人。

阐述

首先,幼儿对游戏材料的要求,主要不在于它们的外表形象,而在于这些材料是否能成为玩具,是否能利用这些材料进行游戏。游戏材料虽然是代替品,但幼儿对它们还是有一定要求的,他们常常自发地就地取材,周围有什么东西就拿什么作材料。任何一种东西在幼儿手中,都可以想象成游戏中的玩具,只要给幼儿想象的空间,他们的创造力就会自然而然地产生。因此,幼儿在玩游戏时,教师不必强加一些要求给幼儿,非得规定什么材料是玩什么游戏用的,因为那会束缚他们的思维力和想象力。

游戏中只有让幼儿根据自己的愿望和想法与玩具材料发生互动,才能使活动的方式方法具有灵活性,才有可能使幼儿真正产生兴趣和自主体验,才能使幼儿以自己的方式将外部经验内化成自己的经验。

其次,教师可以进行适宜的指导。幼儿对于做笼子没有经验,寻找到材料却无从下手,教师可以在理解幼儿的想法后,以参与者的身份参与到幼儿的游戏中,给幼儿一些建议和帮助,和幼儿一起建构宠物店的笼子。这样不仅丰富了幼儿的相关经验,也推进了游戏的发展,提高了幼儿的游戏水平。

(上海市浦东新区东方幼儿园提供)

| 幼儿园 | 小学 | 初中 | 高中 |

保教实践篇

6. 橱柜大变洗衣机

幼儿园活动室里新进了一套漂亮的橱柜，老师把它们布置成娃娃家，并关照孩子们要爱惜橱柜，好好玩。一次角色游戏时，老师看到一个男孩子拿着水彩笔在一个方方的橱柜上画了大大小小的几个圆圈，老师有点生气，大声让男孩子用抹布把橱柜擦干净，说完就转身离开了。等她再回来的时候看见男孩子在橱柜里塞进了好多娃娃家的衣服，高兴地拍手说："洗衣服喏，洗衣服喏。"原来他画的圆圈代表着洗衣机的门和上面的按钮，老师看到男孩子没有将橱柜擦干净更生气了。

请你运用现代教育理论评析该教师的行为。

 分析

橱柜的及时清洁重要还是保护幼儿在游戏中的想象力和替代行为重要，对这个问题的思考反映出教师是否树立了"以幼儿发展为本"的教育观。

 判断

案例中教师的做法显然是错误的，她的问题在于没有用心解读幼儿的游戏行为，一味地想着维护橱柜的整洁。

观点

幼儿在游戏中表现出来的超强的想象力和优异的替代行为是非常难能可贵的，这么优秀的游戏行为值得教师认真保护，而不是随意地打断。

阐述

角色游戏是幼儿对现实生活的一种积极主动的再现活动，角色游戏过程是创造性想象的过程。想象的过程可以是对游戏角色的想象（以人代人），可以是对游戏材料的想象（以物代物），还可以是对游戏情景的想象（情景转换）。在橱柜上用圆圈表现洗衣机就是一种"以物代物"的行为，是幼儿已有生活经验在游戏中的再现。

　　幼儿在游戏中表现出来的想象力往往是一瞬间迸发出来的，教师应该仔细观察幼儿的行为，了解幼儿替代行为产生的原因，并在了解的基础上给予幼儿一定帮助，包括材料的支持和语言的支持，以保护幼儿的想象力。至于被弄脏的橱柜，完全可以在游戏结束后由教师陪同幼儿一起进行清洁，这样既保护了幼儿的想象力，又有助于幼儿养成爱清洁的良好习惯。

（上海市浦东新区浦南幼儿园提供）

7. 游戏是孩子们的

　　孩子们在进行游戏活动，他们用橱柜搭建了一个类似于船的造型，在船头还放了一个方向盘和一个键盘。我心想：船不是应该用舵来控制吗？为什么会要一个键盘呢？是不是船长需要电脑呢？我没有问出自己心中的质疑和不解，静观其变。没过多久看睿睿用鼠标对着嘴巴说："航班 11 准备起飞请指示。"然后拉动方向盘，按键盘。"航班 11 已起飞。"原来他们在玩开飞机的游戏。事后听了孩子们的介绍，原来键盘是飞机的仪表盘，鼠标是对讲机，方向盘左右转是控制方向的，上下移动是负责起降的。

　　请评价案例中教师的做法。

分析

　　现在的幼儿见多识广，拥有相当丰富的生活经验，幼儿的想法也是非常活跃和生动的。他们通过迁移、假设、替代等方式，达到完成游戏的目的，使游戏情景更生动，游戏用具更多元。

判断

　　案例中教师的行为是正确的，当她用成人的视角发现问题和疑问后并没有马上介入，干扰幼儿的游戏推进，而是注意观察，倾听幼儿的游戏内容，这样的游戏观念能够推动幼儿自主游戏的发展。

幼儿园 　　小　学　　　初　中　　　高　中

保教实践篇

📷 观点

游戏是幼儿的，每个幼儿都会游戏。应由幼儿主宰游戏的开始、推进和发展，教师需要做的是观察、倾听，发现每个幼儿的闪光点，并通过同伴互动进行推广。教师要不停地往后退，幼儿才能站在舞台的最前沿。

💬 阐述

在很长一段时间里，幼儿园游戏的内容由教师决定，游戏场地的划分、活动场景的创设和材料的提供都由教师一手包办。这样看似周到的"服务"，无形中却抹杀了幼儿的想象力和创造力。成人从自身出发创设的内容真的是幼儿感兴趣、乐意去玩的吗？逼真的道具真的适合幼儿吗？这些是值得每一位幼儿教师都去思考的问题——幼儿有无限的创意，把游戏的主导权还给幼儿，才是激发幼儿"玩"的真谛。

游戏是幼儿园教育的重要途径，角色游戏作为幼儿期的一种典型游戏形式，对幼儿的发展具有独特的价值。幼儿教师对角色游戏科学有效的观察引导更有利于游戏功能的发挥和游戏价值的实现，且能否在游戏中进行科学的观察与适时的推动也考量着幼儿教师的专业水平。

对于教师来说，"让幼儿真正成为游戏的主角"不能只是口号，更应落实在行为中——在游戏中教师要多观察、多倾听、管住嘴，让幼儿会玩、爱玩！

（上海市宝山区七色花艺术幼儿园提供）

8. 老师的评价

幼儿做好一个蛋糕，放在一辆推车上，将蛋糕推到教室的中间。老师问："你在干什么呀？"幼儿说："我做了一个蛋糕，好看吗？"老师说："很好看。"幼儿听了老师的表扬后高兴地去展示自己的蛋糕了。另一名幼儿制作了好几根胡萝卜，放在兔妈妈的"家"里。老师看见后鼓励幼儿："你给兔妈妈种了好多胡萝卜，都很好看哦。"幼儿笑了，继续完成胡萝卜的制作。

案例中教师的评价存在哪些问题？

分析

教师对幼儿活动的评价都是"很好看"。那到底好看在哪里呢？幼儿到底表现得怎么样呢？

判断

案例中教师的评价过于笼统，虽然给了幼儿肯定的评价，但是这种评价可以套用在任何一个活动中，关键问题在于：评价不够细化，没有针对性。

观点

幼儿听到的评价应该是个性化的，应该让他们真切地感受到"到底好在哪里，不足在哪里"。

阐述

如何评价幼儿，也是教师说话的一门艺术。"你做得真好！这幅画很漂亮的！你很聪明的……"这样的评价语言单一空洞，没有针对性，几乎成了到处都可以用，又到处都"没用"的评语。

建议可以这样说：你做的蛋糕上是有葡萄的，酸酸甜甜肯定很好吃；蛋糕有三层，又漂亮，很多人都可以吃到，大家一定会喜欢的。幼儿可以从评价中知道自己作品的优点在哪里，下一次制作的时候，可能就会在水果的品种上有一个变化，让自己的作品得到提高，幼儿的制作认知和能力也会相应地得到提升。

所以教师要掌握好评价语言的艺术：描述自己看见的，说出自己感受的，做到一人一评价。

（上海市宝山区红星幼儿园提供）

幼儿园

保教实践篇

9. 冒烟了！冒烟了！

最近接连下了好几场雨，幼儿园操场上的塑胶地板显得湿湿的。午饭后，阳光明媚，老师借机组织小朋友散步。眼前出现了奇妙的景象，在阳光的照射下，塑胶地板的水开始蒸发，形成一层层的烟雾。

一位小男孩显得特别兴奋："老师你看，冒烟了！冒烟了！"

他的惊呼更是引起了小朋友们的骚动："我们好像在天上了！"

这时老师忍不住告诉大家："小朋友们，这不是烟是水蒸气。"

"啊？水蒸气，什么是水蒸气？"孩子们几乎异口同声地问道。

老师想了想说："现在你们还小，这个问题等你们长大了自然就知道了。"

请你运用现代教育理论评析该教师的行为。

分析

这到底是"烟"还是"水蒸气"，并不是解决问题的核心，将幼儿学习的兴趣和探究的欲望充分调动起来，和他们一起走进问题的世界，和他们一起去探索，在探索中分享彼此的经验和快乐才是最重要的。

判断

案例中教师的做法显然是错误的，她的问题在于没有建立正确的儿童观。

观点

心理学研究表明，幼儿处于求知欲和好奇心十分强烈的年龄阶段，对周围世界充满了好奇和疑问。教师作为探索活动的引导者，应重视幼儿的提问，及时捕捉幼儿生成的问题，进行价值判断，帮助他们去探索、去发现、去尝试，从而构建新的认知结构。

阐述

"老师你看，冒烟了！冒烟了！""我们好像在天上了！""啊？水蒸气，什么是水蒸气？"幼儿的这些提问都源于他们对掌握生活知识经验的渴望。

第一，在孩子幼小的心灵中蕴含着许多他们对外围事物的好奇心和"十万个为什么"，但这些稍不注意就很容易被忽视的"为什么"，不仅需要教师不断地去关注、去发现，还需要教师根据《幼儿园教育指导纲要》《幼儿园工作规程》的实质进行相关的价值判断，这样才能更有效地促进幼儿更好地发展。

第二，作为幼儿的"玩伴"，教师要能倾听到幼儿的话语，要能及时对幼儿的问题进行回应，这样才能真正让幼儿得以发展。

第三，对于幼儿来说，虽然真正的科学道理并不是现在就能懂、能说清楚的，但教师可以做一些简单的实验，使幼儿对这种科学现象产生浓厚的兴趣，同时也可以初步获知生活中某些现象产生的浅显知识，这是教师应该给予的。

（上海市奉贤区江海幼儿园提供）

10. 长了"手脚"的被子

午托班的孩子们都脱完衣服准备午睡，小涵突然问："老师，'Beishou'在哪里？"

"什么'Beishou'？"老师不解。

"这个是'被脚'。"小涵指着被角，"那'被手'在哪里？"

老师大笑："原来是这个'被手'。小涵，被角的角不是小脚的脚。好了，你睡吧。"

小涵一只手捏着被角，另一只手在被子上摸来摸去。

请你运用现代教育理论评析该教师的行为。

分析

这一问题，显然是小涵对被误解的"被角"这一新词的想象和思考。从小涵在被子上摸来摸去的行为表现上看出，小涵对被角的认知显然还不清晰。教师自认为清晰的解释，在孩子看来只是敷衍的说法。

幼儿园

保教实践篇

判断

案例中教师的做法显然是不妥当的，教师的问题在于没有适时解决幼儿的问题。

观点

幼儿的问题需要教师以正面直观的方式，适时适度地解释。

阐述

三岁幼儿的词汇量大大增加，语言能力快速提高，对世界也充满好奇，他们往往会在生活中探究词语的意义和用法，此时也常会出现对词语的误解。作为教师，应该正确解释词语的含义，并帮助幼儿了解词语更多的用法。

案例中的教师应该正面解释桌角的角是尖尖角的角，我们生活里也有很多尖尖角，比如牛角、玩具柜的尖尖角、书角等，午睡结束后可以让幼儿自己寻找尖尖角。

（上海市奉贤区江海幼儿园提供）

11. 老师表演得怎么样

晶晶老师正在组织幼儿进行歌唱活动"小鼓手"，她在示范演唱后问幼儿："你们觉得老师的小鼓敲得怎么样？"孩子们踊跃发言："敲得很好听！""敲得很好！""敲得很响！"其实，晶晶老师预想的答案是："鼓点有的快、有的慢。"当她发现孩子们的回答跟她预想的不一致时，她连忙又表演了一遍，然后问道："你们仔细听听，老师表演得怎么样？"这时更多的幼儿举起手说："老师敲得真好听！"晶晶老师更急了，又表演了一遍，继续问道："老师的小鼓敲得怎么样啊？"孩子们茫然了，不知老师到底要他们回答什么，他们开始胡乱作答，"这次没有上次敲得好。""上次声音低，这次声音高！"晶晶老师急得直冒汗……

晶晶老师的方法对吗？

分析

新教师常常会遇到这样的尴尬场面：自己提出的问题得不到孩子们的回应，或者孩子们答不到点子上。于是，新教师便惊慌失措，慌忙地用更多的问题来解释原来的问题，其结果往往是幼儿漫无边际的回答。

判断

案例中晶晶老师的提问方法显然是存在问题的，她提问的指向性不明确，重点不突出。

观点

幼儿的回答是否达到教师的预设与教师的提问有关，当教师的提问指向性不够明确、重点不够突出或提问离幼儿知识经验较远时，幼儿就无法用准确的语言来表达。

阐述

教师在提问时首先要注意自己的语言是否清晰，指向性是否明确。教师可以在活动前结合活动内容向自己提问，想想自己可能给出的答案或幼儿可能给出的回答，然后根据活动需要进行调整，使问题的指向清楚、明确，以便幼儿在较短的时间内做出有效反应。例如，晶晶老师提问后如果发现幼儿的反馈没有达到预期要求，就可以在第二次示范后把问题调整为"你们听到晶晶老师在敲鼓时节奏上有什么变化吗？"这样效果就会截然不同。

如果教师提出相对明确的问题，而幼儿仍然不能较好地反馈，则有可能是因为问题的难度太大。这时教师要善于根据幼儿的反应及时调控，降低问题的难度，如调动幼儿的已有经验，将问题转化为选择性问题或做出相应的暗示。

（上海市奉贤区南中路幼儿园提供）

12. 小羊过桥

户外活动时，老师组织孩子们进行平衡桥的活动，孩子们兴致很高，排队依次在玩。突然天宇跌倒了，脸碰在橡胶地上，他虎着脸不依不饶地要和排头的浩浩理论，老师赶紧将他们拉开，一边用冷毛巾敷在天宇脸上，防止肿起来，一边简要地询问过程。原来是天宇反向走，和排头的浩浩相碰了，谁也不让谁，最后被挤下来了。老师教育他："你自己首先不对，怎么可以反向走呢？"天宇眼里噙着泪、噘着嘴，一副不服气、不知错的样子。

老师回到教室，生成了一次活动，讲述了传统的"小羊过桥"的故事，并组织孩子们展开了积极的讨论、辨别和情景表演。

案例中教师的做法有哪些地方值得我们学习？

 分析

这样的事例在幼儿园是很常见的，很有普遍性和代表性。每当事情发生时，教师的情感常常偏向弱势群体，即受伤、痛哭的一方。由于工作繁忙，很多教师匆忙了事，不问清楚事情的起因，想当然地保护弱者，批评强者。

可是事情的起因很多，教师不能一概论之，要了解事情的"开始和过程"，而不能光看表面的"结果"，想当然地"判案"。

判断

案例中教师的做法非常正确，她把个别现象推向全班，帮助幼儿树立了正确的是非观念，让幼儿明白应该遵守游戏规则和解决此类问题的方法。

观点

大班的幼儿即将升入小学，教会他们明辨是非和解决矛盾的能力，引导他们增强规则意识是非常重要的，教师要有"授之以渔而不是简单地授之以鱼"的观念。

阐述

案例中教师讲述了传统的"小羊过桥"的故事，跟孩子们讨论"谁对谁错？""怎样才能顺利过桥而不会掉下河？"等问题。接着教师讲述了早锻炼发生的事件，把个别现象推向全班。大家共同讨论"为什么说天宇错了？""排头的浩浩应该说什么？""天宇错了又不让开，浩浩该怎么办才能完美解决问题？"……问题层层递进。大班幼儿有一定的是非观念，一致认为：天宇应该遵守游戏规则，和大家一起从起点上终点下，不能相反，会撞头的；排头的浩浩要劝说他，他再不听就马上告诉老师来帮助解决，不能采用推、拉、打等粗暴的方法解决问题。

最后，大家一起展开了模仿这一事件并解决问题的情景表演，为此事画上了完美的句号。

案例中的教师抓住这一"寻常时刻"生成了这次活动，通过故事、讨论、情景再现、学说劝说的话、完整的情景表演等，不仅教育了当事人，还教育了全班幼儿，做得非常好。

（上海市崇明区堡镇幼儿园提供）

13. 班里有个"笨孩子"

今天的手工活动——制作跳舞娃娃，需要孩子们先给娃娃设计漂亮的衣服，然后沿着轮廓线剪下娃娃，并在娃娃的衣服上挖出小洞，以便伸入手指进行游戏。示范过后孩子们都在认真地操作着，只听见一个孩子大声喊道："老师，浩浩把娃娃的手剪掉了。""浩浩真笨，他又剪坏了。""浩浩……"老师走过去一看，浩浩已经给娃娃的衣服涂上了颜色，沿着轮廓线剪下了娃娃，可是娃娃的手臂处空隙少、转弯多，他一不小心就把手剪掉了。

老师看过之后对小朋友们说："虽然浩浩把娃娃的手剪掉了，但是老师要表扬他，因为他没有请老师帮忙，是自己完成的。"听了老师的表扬，浩浩脸上笑眯眯的。

案例中教师的做法有哪些可取之处？

幼儿园 小学 初中 高中

保教实践篇

分析

浩浩小朋友平时沉默寡言，玩伴较少，参与活动的积极性不高，能独自完成的作品很少，所以孩子们会因为他的一点失误而嘲笑他。

判断

案例中教师的做法显然是正确的，她正确看待孩子的失误，看到了孩子的点滴进步。

观点

孩子之间存在差异，只有尊重孩子，关注孩子的学习和发展心理，保护孩子的学习热情，才能促进孩子的身心发展。

阐述

《幼儿园教育指导纲要（试行）》指出："尊重幼儿在发展水平、能力、经验、学习方式等方面的个体差异，努力使每一名幼儿都能获得满足和成功。"教师可以尝试针对孩子的实际水平，适当降低标准去要求他、鼓励他，往往会产生意想不到的效果，它会使孩子从成功的体验中获得自信，并争取更大进步。

教育是一门个性化很强的艺术，找不到一种通用的方法适用于所有的孩子。一位教育家曾经说过："请你记住，教育……这首先是关怀备至地、深思熟虑地、小心翼翼地去触及年轻的心灵。"

孩子的自尊心需要小心地呵护，或许你觉得孩子小，不懂事，教师过分一点也没关系，但事实并非如此。因为教师在孩子的生活中占据着特殊的地位，孩子通常会从教师的言行来判断教师对自己是否满意。教师鼓励性的评价能激发孩子的上进心，使他们终身受益，反之则会在他们心中投下阴影。

（上海市崇明区堡镇幼儿园提供）

14. 容易走神的小班

小顾老师正在小班上集体教学活动，刚开始孩子们还注意力比较集中，眼睛看着老师。可是上着上着，有的孩子和旁边的小朋友窃窃私语，有的孩子低头看自己衣服上的花纹，有的孩子向窗口东张西望。

下课以后小顾老师埋怨道："哎，这班孩子的学习品质怎么这么差，注意力一点也不集中。"

小顾老师的说法对吗？

分析

孩子产生游离，上课注意力不集中，并不能说明孩子的学习品质差。孩子上课注意力不集中，不仅仅是孩子的原因，教师也要反思自身的教育行为。

判断

案例中教师的说法显然是错误的，教师的问题在于没有解读孩子的年龄特点与学习特点。

观点

注意力不集中易分散，是很多该年龄阶段的孩子都具有的特点。孩子的大脑发育还不够完善，年龄越小能控制注意力的时间越短，小班幼儿一般只能稳定地集中注意力3—5分钟，但是注意力不集中这种情况会随着年龄的增长而逐渐好转。

阐述

对年龄较小的孩子来说，注意力保持的时间较短，容易受外界干扰。之所以出现案例中的现象，一方面说明教师的教育内容吸引不了孩子，使孩子产生游离。在教学过程中教师要考虑教学的语言生动有起伏，教具有趣可爱，这样才能吸引孩子的目光。教师组织教学时要形式多样，注意动静交替。另一方面，教师要建立良好的师生关系，注重师幼互动。

（上海市崇明区莺莺艺术幼儿园提供）

15. 游戏——拉小车

今天雾霾，孩子们积极地参与室内运动活动。有两个胆大的男孩子选择了拉小车活动，其中一个可能是不满足在走廊的平地上拉小车，便拉着车径直往长长的斜坡上走去，吃力地走到尽头，又折返回来，带着冲力，速度加快。

陈老师在拉小车活动处对幼儿的活动进行保护以及指导，见到此状况立即上前阻止，并大声叫唤道："当心！你这样把车拉到斜坡上去，多危险呀！你看看其他小朋友在这里拉小车多安全呀。以后不可以把小车拉上去了，听到了吗？"听见老师这样说，男孩子无奈地耷拉下脑袋，无力地拉着小车走在平地上，只绕了一圈就把小车放回到原来的地方，离开了这个运动区域。

请你谈谈如果你是陈老师，见此状况你将如何介入，介入时应该说什么。

分析

小车是否能拉上斜坡呢？当幼儿想挑战自己时，教师却加以阻止，导致幼儿在活动中有价值的生成内容被泯灭。关键问题在于教师的教育观念，教师并没有将发展幼儿动作、鼓励幼儿挑战自我的目标熟记于心，只是一味地追求保护好幼儿的安全。

判断

案例中教师的做法和想法都欠妥，教师没有保护好幼儿运动时的兴趣，没有抓住时机增强活动的野趣和挑战性。

观点

正确的儿童教育观要求教师保护好幼儿的学习兴趣，教师应当以观察者的身份及时发现幼儿活动中有价值的生成内容,适时介入并推动幼儿活动的进程,在保护好幼儿活动兴趣和安全的基础上,极大地激发和培养幼儿探索世界的好奇心。

阐述

教师应当时刻支持幼儿的运动兴趣,不要干涉和禁止幼儿运动时的尝试与探索,一旦幼儿产生想在运动中探索的新想法,教师应该有意识地利用这样的有利时机,发挥幼儿在运动中的独立性、自主性和创造性,培养幼儿活泼开朗的性格和灵敏协调的能力。

幼儿的创造力在环境和材料的刺激下更容易被激发和强化,教师应当提供有"魔力"的运动场景和运动材料,鼓励幼儿积极参加挑战性的运动,充分体验运动的快乐。

案例中的教师不妨支持一下男孩子挑战自己的做法,站在孩子身后鼓励引导他在挑战自己的同时也要注意安全。相信有了教师的支持与帮助,孩子们的运动兴趣会进一步地被激发,运动能力也会得以提升。

(上海市虹口区教育学院提供)

16. 被告状的多多

角色游戏开始了,好几个小朋友一下子涌到"娃娃家"游戏区。不一会儿,"老师,多多抢我的玩具。""老师,多多打我。"……告状声接连不断。多多是班上非常调皮好动的男孩子,经常被老师批评。听到不停的告状声,老师一气之下,把多多拉住,严厉地说:"给我坐在这儿,不许玩游戏了。"多多噘着嘴坐了下来,用羡慕的眼光看着其他小朋友玩。

过了一会儿,他忍不住对老师说:"老师,我不抢玩具了,也不推小朋友了,你让我玩吧。""不行!"老师丝毫不为所动,直到游戏结束,老师都没让他再参加游戏。

请对该教师的行为进行评析。如果你碰到这种情况会怎么处理?

保教实践篇

分析

"娃娃家"是小朋友最喜欢玩的游戏之一,而该教师却剥夺了幼儿游戏的权利,丝毫没有考虑幼儿的感受。当幼儿禁不住内心参与游戏的渴望,主动向老师承认错误并表示愿意改正时,教师却"丝毫不为所动,直到游戏结束,都没让他再参加游戏",剥夺了幼儿改正错误的机会。

判断

上述案例中,教师对多多既简单又粗暴的"惩罚"方式显然是错误的。

观点

教育孩子不能光靠强硬的手段,教师应该把握好幼儿的心理特点和个别差异,可以通过角色模仿、扮演等教育方式让幼儿养成良好的规则意识和行为习惯,积极引导幼儿,激发幼儿与他人交往的兴趣。

阐述

教师可以通过以下方法让多多既能愉快地参加游戏,又能控制自己的行为,遵守游戏规则。

(1)在游戏开始前,教师应该让幼儿明确游戏规则,特别要关注像多多这样调皮的幼儿,可以让他参与游戏规则的制定,与同伴讨论应该做什么、不能做什么。

(2)教师可以有意识地请他扮演喜欢的角色,以角色的任务意识帮助他控制自己的行为。

(3)教师应掌握好对幼儿惩罚的度,惩罚要让幼儿心服口服,让幼儿明白每个人都有可能犯错,知错能改后他们依然是大家喜欢的好孩子。

(上海市崇明区教育学院提供)

17. 我们要把地球挖穿

在种植活动中，有两个孩子在空地上挖一个深洞，他们干得正欢时，老师问道："你们在干什么呢？""我们打算挖一个洞，一直把地球挖穿。"有一个孩子兴奋地答道。老师有些不悦，告诉孩子们说："要把地球挖穿是不可能的，别挖了，快把你们自己带来的青菜籽种好去！"

另一个孩子拾起一个装有蚂蚁和甲壳虫的瓶子，展现在老师眼前，然后轻声但自信地说："瞧瞧我们发现了什么，有蚂蚁……"没等孩子说完，老师便训斥道："现在让你们做什么事情，谁让你们挖蚂蚁了？"于是两个孩子只能在老师的训斥声中结束了他们的"伟大事业"。

请你运用现代教育理论评析该教师的行为。

分析

地球到底能不能被挖穿，不是孩子们真正要了解的，孩子们关注的是在挖洞的过程中发现了蚂蚁、甲壳虫等。孩子们自发地对生活的地球和周围的世界进行探求，他们动手、动脑、亲自参与、亲历过程，对大自然充满着好奇，喜欢接触动植物和周围的环境。孩子们在挖洞的过程中学习并享受着快乐！

判断

案例中教师的做法显然是错误的，教师的问题在于没有建立正确的儿童观和大课程观。如果这位教师眼里有孩子，观察到孩子行为背后的价值，就不会制止孩子的行为。

观点

幼儿是学习的主人，教师要尊重幼儿的学习发展心理，尊重幼儿的兴趣与想象，及时捕捉幼儿的热点话题，挖掘对幼儿发展有益、有价值的素材点，促进幼儿的发展。

幼儿园 小学 初中 高中

保教实践篇

阐述

《上海市学前教育课程指南》的目标之一是"亲近自然,接触社会,初步了解人与环境的依存关系,有认识和探索的兴趣"。孩子对世界充满了好奇,他们会在与周围现象和事物的互动中,获得经验和体会。孩子们就是在这样的感知活动中,用动手、动脑、讨论等方法寻找多种答案,探索和发现事物的特点及事物间的关系与变化等。

教师要顺应孩子的年龄特点,及时捕捉教育契机。如教师可以让孩子们再找找,地底下还有哪些小生物,和爸爸妈妈去查一查"地球真的能被挖穿吗?"……让孩子们学会发现和解决问题,积累丰富的经验。

(上海市松江区荣乐幼儿园提供)

小　学
教学篇

儿童眼中的世界总是充满秘密，哪怕身在严谨的课堂或欢快的操场中都关不住童心对未知世界的好奇。所以，不要为他们的奇思妙想吃惊，也不要为他们啼笑皆非的回答头疼。这个独特的学习过程，需要孩子们的创意，更需要教师的呵护。

幼儿园　　**小　学**　　初　中　　高　中

教学篇

1. 失败的模仿课

在一次随堂课中，新教师小张为了活跃课堂气氛，达到教学效果，学着师父上课的样子，请学生上台表演。结果由于不了解学生的情况，台上学生的表演参差不齐，引得整个课堂一片混乱，加之小张对自己的调控能力缺乏预判，最终此教学环节只能草草收场。

如果你是小张老师，会如何处理？

分析

作为新教师，小张老师用心学习师父上课的一招一式，无可厚非。但课堂是一个千变万化的地方，相同的教案，在不同的班级、不同的执教者执教时，都可能会有截然不同的效果。像他这样照搬师父上课的表演环节，在课堂上出现不可控的场面是在所难免的。

判断

小张老师不知道有效教学应该怎么体现，新教师出现这种状况是常见的，是教育观的问题。

观点

教学是师生共同的活动，教学要体现有效性，每节课都应该让学生实实在在地感觉到有学习收获，要站在学生的角度考虑学什么、怎么学、学得怎么样。备课是教学工作的一个重要环节，主要内容有备教材、备学生、备自己。作为一名教师，每次踏入课堂前，必须做到这"三备"，才能上好课。

阐述

其一，要认真解读教材，了解基于课程标准要求的学习内容，了解教材的逻辑结构等。

其二，要深入了解学生，了解学生基于学习内容的实际情况，了解学生的特点。结合教材、学情，才能备好课。

其三，要学习师父的教学之道，善于思考师父为什么要这么做，如果换一种教学方法，其效果会怎样。

（上海市虹口区红旗小学提供）

2. 我能不用书中的原话吗

"老师，我能不用书中的原话吗？"

在教《两条小溪的对话》时，老师让学生分角色表演。有一名学生问："老师，我能不用书中的原话吗？"老师和蔼地问："为什么呢？""因为书中的原话太长，我背不下来，如果拿着书表演又不太好。"孩子说出了原因。"你的意见很好，用自己的话来表演吧。"老师高兴地抚摸孩子的头。果然，这个孩子表演得非常出色。

请你运用现代教育理论评析这位教师的做法。

分析

课堂活动是师生共同参与的双边活动，教师允许学生用自己的话表演，体现了教师有亲和力，更体现了教师在教学中重视孩子的认知心理，体现了教学中师生协同的原则。

判断

案例中这位教师的做法是正确的，基于正确平等的学生观。

观点

师生平等关系的形成是课堂民主的具体体现，教师从过去的知识传授者、权威者转变为学生学习的帮助者和学生学习的伙伴。

幼儿园　　**小　学**　　初　中　　高　中

教学篇

 **阐述**

教师没有了架子，尊重了学生的意见，让学生真正感受到平等和亲切，师生间实现零距离接触，民主和谐的课堂氛围逐步形成。

当孩子说出原因时，教师说："你的意见很好，用自己的话来表演吧。"这说明教师知道学生已经理解了关键的知识点，重视对学生基本态度和基本能力的培养。

学生是学习的主体，是学习的主人，在一切活动中，教师要充分地发挥学生的能动性，促进其发展，要尊重、信任、引导、帮助或服务于每一个学生。在教学活动中，充分调动学生的积极性和主动性，使教学过程真正处于师生协同活动、相互促进的状态之中。

教育也是情感的交流，教师高兴地抚摸了一下孩子的头，体现出教师重视培养孩子的情感与价值观，这也是一种爱的表现。

（上海市闵行区教育学院提供）

3. "厌烦"的朗读课

英语课上，老师要求运用朗朗上口的旋律，每人一句以 one by one reading 的接龙方式进行分段朗读练习。小 W 又像往常一样，不能游刃有余地跟着老师或同学的节奏阅读出来，通常带读一遍他总能跟上，但只要超过几分钟，重新朗读原句就像是从来没读过一样，感觉"瞬间失忆"。

同学们也像往常一样，低声笑了起来，老师只能摇着头表示很无奈。该学生在课堂上的表现较为散漫，只要有朗诵、背诵等都是能躲则躲，能敷衍就敷衍，形成了一定的"厌背厌读"心理。他思想不集中，会沉浸在自己的世界里，当被叫到起来回答时也是一脸茫然无知的神情。

请分析案例中师生的做法。

 分析

重新朗读原句时，小 W 同学就像从来没读过一样，他"瞬间失忆"的原因不在于没有记忆，缺乏学习英语的兴趣才是案例中"感觉瞬间失忆"的根源。

判断

案例中教师运用朗朗上口的旋律对课文进行分段朗读并让大家练习的方法是好的，但小 W 同学需要的是兴趣激发和大家的鼓励。因此，师生都需要给予小 W 支持和鼓励，这才是正确的做法。

观点

学习兴趣是一个人对学习的一种积极的认识倾向与情绪状态，学生对某一学科有兴趣，就会持续地、专心致志地钻研它，从而提高学习效率。学习兴趣是提高学习质量最有利的因素，教师如果能够在创设氛围上下功夫，也许会对小 W 同学有更大的帮助。

阐述

学生学习英语的兴趣，对他们英语学习的效果起着非常关键的作用。如果教师能关注学生的心理年龄特征和认知规律，注重激发学生的学习兴趣，调动学生的学习积极性，再给小 W 带读一遍，让他继续跟上，一旦有了兴趣，他就会喜欢学、乐于学，也会在兴趣的推动下轻松地记忆内容。

案例中教师运用朗朗上口的旋律阅读方式对课文进行了分段朗读练习，顾及了语言表达较为困难的学生。刻意死板的阅读方式会让学习困难的学生更缺少阅读的激情，他们会觉得枯燥乏味，更会因此关上自己的大脑记忆空间，使思维处于放空状态。

真正要学好一门语言兴趣非常重要，教师要注重激发学生语言语感的兴趣点。教师可以在教学情境中营造记忆的氛围，因为趣味的东西能引起神经兴奋、激起学习的动机、创造最佳的记忆心理状态，有利于知识的记忆与固化。

教师不妨让大家一起鼓励小 W，用口型或者体态语言帮助小 W 慢慢回想，努力创设直观、有趣的英语学习情境，引导学生积极参与、大胆交流、大声说出来。肢体上的互动更能激发学生的记忆空间，从旋律动作中自然而然地想到所要描述的内容。这样一种有趣的教学方式可以充分调动更多学生的学习积极性和学习兴趣，以达到快乐学习。这对于像小 W 一样的学生恢复短暂的背诵朗读记忆会有很大的帮助，让记忆在英语学习中发挥更大的优势，也让学生对英语学习有更大的自信心和推动力，让学习变得真正轻松，也充满乐趣。

（上海市第一师范学校附属小学提供）

4. "惊天动地"的水杯

语文课上，同学们聚精会神地思考着一个问题，教室里安静极了。突然，"砰……"的一声，小马同学的杯子掉在地上了，简直称得上"惊天动地"。

老师被这突如其来的巨响吓了一跳，再看看其他学生，有的使劲拍着自己的胸脯，嘴里不停地念叨："吓死我了！吓死我了！"有些胆小的女生甚至惊叫了起来，教室的寂静顿时被打破了。看见大家都向自己行"注目礼"，小马同学更加不知所措。

"小马，怎么回事？连个杯子都管不好，看把大家吓得。你还愣着干什么？快去捡啊！"老师严厉地斥责道。

小马同学连忙跑了出来，捡了杯子又匆匆忙忙塞回书包外侧的口袋里。可是没过多久，"砰……"的一下，杯子又掉了出来。小马同学尴尬极了，脸涨得通红，好像要哭出来了。

请你运用现代教育理论评析该教师的行为。

分析

杯子掉在地上发出的巨响打破的是课堂里的安静，但这个打破是暂时的，完全可以依靠教师的教育智慧和爱心来弥补。但案例中教师的随意处置却打破了师生之间原本和谐融洽的课堂气氛，让事态进一步严峻。

 判断

案例中教师的做法是不明智的，没有了解事情的原委就当众批评学生，是不尊重学生的行为。教师的粗暴对待也导致其他学生的注意力已经无法再集中到语文课上来。

观点

课堂上,任何偶发事件都有它的缘由。教师处理每一件事,都应该凭着耐心和细心去了解真相,而不是随意发泄自己的情绪,这样于事无补。每个人都需要被尊重,尤其是学生更需要教师的尊重。

阐述

课堂上,经常会出现类似的偶发事件。这些事件的发生,打断了师生的思维,转移了大家的注意力,影响了正常的教学秩序。作为教师,面对此类事件,应该沉着冷静,根据具体情况随机应变,因势利导,同时,也应给予学生更多的尊重、理解和关爱。

案例中小马同学的杯子从书包侧袋里掉出来,这不是他愿意发生的事,他也不是故意的。当事情发生后,他已经很尴尬了,作为教师,应克制自己的情绪,不能再批评他,而要想办法立即结束这个混乱的场面。比如,可以不动声色地走过去,把杯子捡起来,查找一下杯子掉在地上的原因,把杯子塞进他的桌肚或者其他不容易掉下来的地方,接着若无其事地重复一遍刚才的问题。见老师没有在意,学生们也都会恢复常态,重新开始思考问题。

课后,教师还可以找小马同学谈一谈,让他回去叫妈妈把书包侧袋缝一下,也可以建议他换一个小身材的杯子,"因为大杯子不愿意乖乖地站在书包边上,那地方太小了,容不下它那庞大的身躯"。老师的理解尊重和亲切幽默的话语,一定会让孩子受惊吓的心灵渐渐平复。

(上海市浦东新区龚路中心小学提供)

5. 我不会拍球

同学们正在进行运球的训练,其他同学能拍几十下,有的同学甚至能一边拍着球,一边往前走。可佳佳总掌握不好拍球的力度,只拍了一两下,皮球不是滚到一边,就是躺在地上不动了。

老师看了佳佳一眼,摇摇头,说道:"只拍了两下,不行,起码要拍到五十下。"

幼儿园　　**小　学**　　初　中　　高　中

教学篇

佳佳捡起球羡慕地看了一眼一边走动一边运球的伙伴,老师没好气地说道:"你样样都不如别人,快接着练,只有练到他的水平才算行。"佳佳白了老师一眼,无可奈何地拍了起来……

案例中教师的做法可取吗?请评价一下。

分析

孩子拍球能否达到五十下并不是关键,教师没有根据学生不同的特长来要求和帮助学生,而只是简单地用一个标准来衡量学生,才是这个案例中问题的根源。

判断

案例中教师的做法是错误的。教师的问题在于没有考虑到学生之间的差异,没有用多元智能的观点来看待学生。

观点

学生是学习的主人。作为教师,只有关注学生,了解学生的长项,尊重学生的差异,用循序渐进的方法指导学生,激发学生对学习新知识的兴趣,才能促进学生的身心发展。

阐述

美国教育家、心理学家霍华德·加德纳的多元智力理论,认为每个人都至少具备语言智力、逻辑数学智力、音乐智力、空间智力、身体运动智力、人际关系智力和内省智力,儿童也是如此。而且每个人都会用自己的方式来发觉各自的大脑资源,这种为达到目的所发挥的个人才智才是真正的智力,造就了人与人之间的不同。案例中佳佳的拍球能力的确不如他人,但她一定有她的强项。

作为教师,应善于发掘学生不同的特长,也应捕捉到学生之间的差异,并且要很好地利用这一资源,采用师生互动、生生互动的方法,循序渐进地教会学生应掌握的技能,并给予及时的肯定和夸奖。当学生通过努力取得进步后受到周围人的共同赏识时,就会觉得自己"真行",往往会有超常的发挥。一旦再次获得成功，他们对学习新知识会更有兴趣，也会更有勇气面对挑战，不断超越自己，这会对学生今后的学习起到很好的促进作用。

（上海市静安区第一中心小学提供）

6. 用来奖励的贴纸

一位年轻的女老师正在上一堂公开课，她的衣着得体、教态和蔼、思路清晰。看得出她为这节课花了很多心思，甚至在衣襟上黏上美丽的贴纸，随时去奖励那些课堂表现突出的孩子。老师的教学风采赢得了后排专家的肯定。课上，有一个男孩不停地举手，但当老师请他回答问题时却答得不知所云。女老师微笑着请他坐下，并没有给他贴纸。课间，老师的一张贴纸不小心掉了，那个男孩高举着手说："老师，贴纸，贴纸！"女老师回头捡起贴纸，随手贴回自己的衣服上。

下课铃响了，专家们带着满意的笑容离开教室，女老师也心情愉快地收拾着教案。这时，那个男孩再次来到老师面前，举着一张从地上拾起来的贴纸说："老师，贴纸掉了。"老师头也不抬地说："哦，下课了，贴纸没用了，扔了吧。"

请你运用现代教育理论，评析该教师的行为。

分析

教师将用于奖励的贴纸仅仅当作公开课上作秀的道具，而急需这张贴纸来证明自己的学生却偏偏被教师忽略了。这使得她的教育行为与最终的教育目的南辕北辙。

判断

这位女教师的行为是错误的，她显然曲解了"奖励"的根本意义，也伤害了一个努力上进的学生的心灵。

幼儿园　　**小　学**　　初　中　　高　中

教学篇

观点

一切教育手段最终都指向对学生精神世界的改变，只有树立以学生发展为本的教育理念，才能在实践中不断校正教育行为。

阐述

奖励的教育方式，其目的在于肯定学生的努力、固化他们的价值导向。"浮夸的"奖励只会衍生"弄虚作假"的世界观，而"及时的""关注学生"的奖励，才能真正发挥"奖品"的作用。

即使已经下课了，教师不妨将这张贴纸贴在这个孩子的额头上，并告诉他："感谢你的关心和踊跃参与，加油！"

（上海市师资培训中心提供）

7. 倒着写的 0—9

一名一年级的小朋友在数学卷上是这样完成第一小题的——题目：请将 0—9 十个数字倒着写在下面的方框内，答题：学生将 0—9 十个数字依次垂直翻转 180 度抄在了方框内。老师直接打上了叉。

请你对此现象进行评析。

分析

学生答案的对与错并不是问题的关键，为什么会这样答题才是需要探讨的本质问题。

判断

教师直接打上叉的行为显然过于简单，是唯分数论的表现，该教师"以学生为本"的教育教学理念有待提升。

观点

学生是学习的主体，学习的过程是一种经历，没有绝对的对错。只有尊重学生，关注学生的学习过程，才能指导帮助他们找到正确的学习方法。

阐述

年龄越小的学生，好奇心、想象力越丰富。显然，案例中的学生对题目中的"倒着"有自己的理解，这是可贵的独立思考能力。如果教师在课堂上已经讲解过这类题型，该生依然这么做，可见他的创新思维能力独树一帜，并且敢于大胆实践。无论如何，教师都应该给予他保护和正确的引导。

当然，教师也需要对此类学生进行个别指导，学会审题也是一种学习能力。

（上海市建青实验学校提供）

小　学
教育篇

　　家庭的形态千差万别，孩子的个性也各有不同。小学生刚踏入学校可能会有各种不适应，丢三落四、上课插嘴、忘做作业等。面对这些日常的小问题，教师如何解决是非常体现教育智慧的。

1. 优等生的眼泪

小J一直都是班级中的佼佼者，在大大小小的考试中，成绩一直名列前茅，各种学科类的竞赛也都榜上有名，各项活动都有她活跃的身影。作为班干部，她帮助老师把班级管理得井井有条，就连几个调皮的小男生看到她也是服服帖帖的。我一直认为这样的孩子是无可挑剔的优等生，也一直觉得这样的孩子身上是没有任何问题的。但是，后来接二连三发生的几件事情证明我的想法是错误的，也是需要纠正的。

［事件一］学校举行诗朗诵比赛，作为班干部，我让小J打头阵。小J作为一组的领导者，她的集体荣誉感很强，平日训练中对组员的要求很高。正式比赛的那一天到来了，结果小J自己因为太紧张而忘词卡壳了，评委离开教室的一刹那，她的眼泪绷不住流了下来。

［事件二］学校需要竞聘大队委员，班级里小J以高票数获得参加学校竞选的机会。事前她精心准备，专门想了竞选标语还制作了标语牌，也想好了为自己拉票的演讲。可是事与愿违，她最终落选了，原本信心满满的她，在回教室的路上忍不住伤心地哭了。

［事件三］作为期末考试之前热身的月考，孩子和家长都很重视，作为优等生的小J自然也做了充分的准备。最后一门数学考试结束后，她因为最后一题没有解出来，在收卷之后趴在课桌上哭泣起来。事后，我了解到小J的父母对她的要求很高，要求她每次考试年级名次都不能低于前三。

面对这样一个孩子，作为班主任应该如何进行心理疏导呢？

分析

优秀的孩子在家长和教师的心目中一直都站在金字塔的顶端，殊不知那个顶端对于孩子来说是光环，同时也是一个一不小心就会"粉身碎骨"的潜在危险。在孩子的心里对于自己也有一个界限，"不可以这样，不可以那样"背后隐藏的潜台词就是不可以失败。

判断

学校和家长对优秀的孩子抱有高期望值，这是可以理解的。但为孩子创造展示机会的同时，教师和家长却没有对孩子做好心理建设和挫折教育，这对优秀生的成长是不利的。

观点

越是优秀的孩子往往在面对挫折时的心理承受能力越弱，教师和家长要关注孩子的心理，特别是抗挫能力，要积极对孩子进行心理疏导，才能促进他们的身心健康发展。

阐述

首先，需要让孩子意识到世界上没有十全十美的事情，所以一个人不可能一直成功，要允许自己有失败的时候。只有放弃完美的人，才能自我接受、自我肯定。古语云："瓜甘苦蒂，物不全美。"

理念上，人们大都承认"金无足赤，人无完人"，正如世界上没有十全十美的东西一样，也不存在十全十美的人。但在认识自我和看待别人的具体问题上，许多人仍然习惯于追求完美，求全责备，对自己要求样样都好，对别人也往往是全面衡量。人可以认识自己，操纵自己，人的自信不仅是相信自己有能力有价值，同时也是相信自己有弱点。当我们放弃完美，就会明白每个人的两面性是不可改变的。我们应当保持这样一种心态和感觉：我知道自己的长处和优点，也知道自己的短处和缺点；我知道自己的潜能和心愿，也知道自己的困难和局限。

其次，学生在面对繁重的学业压力时，面对失败在所难免。这个时候需要家庭和学校一起配合，家长和教师应引导学生"任务卷入"，而避免"自我卷入"。"任务卷入"可以使学生专注于学习任务本身，通过积极参与学习活动来发展自己的能力，使其产生积极的学习态度；而"自我卷入"会导致学生专注于学习结果，通过对学习结果的评价来判断自己的能力高低，往往会对学生产生消极影响。现在的学生往往太看重成绩，从而忽视了学习本身就是一个螺旋上升的过程，这样一个过程本身就避免不了挫折和失败。只看到眼前的失败，看不到自己的小小进步，这样的看法是片面而消极的。

教师应从两方面着手：一是学生，二是家长。充分利用好班会课和家长会这两个主阵地，引导学生和家长正确地看待学习、看待成绩。

（上海市嘉定区疁城实验学校提供）

2. 就不交作业

小赵同学不知何故连续 3 天不交数学作业,作为班主任的我把小赵叫到办公室问他为什么不交数学作业,他低头不语。我给他讲学习的意义、做作业的重要性,他还是"徐庶进曹营——一言不发"。我火了,上课时大发雷霆,责令小赵必须当天把所缺的作业补齐,否则……我原以为这最后通牒一定会起作用,谁知第二天小赵不但没有把作业补上,反而不进教室上课了。这下我没辙了,可是若让他开了先例,今后再有效仿的,那以后教学还怎么进行。

请分析小赵同学不交作业的可能原因,并给出处理该事件的建议。

 分析

小赵同学不交作业的可能原因有很多,在没有真正了解原因之前,班主任单纯地发火、指责、下最后通牒是不起作用的。教师从多方面了解原因,进而采取有效策略,转变该生,才是解决问题的关键。

判断

教师没有了解学生不交作业的原因,反而把自己的意愿强加在学生身上,这会让学生很反感老师,再加上之后还大发雷霆,这会让学生更讨厌老师。教师重要的是寻找出真正原因,采取有效策略。

观点

教师可以采取以下策略给予学生帮助。
策略 1:耐心疏导(明确做练习的目的;改变观念,端正态度)。
策略 2:耐心辅导(对作业有困难的学生尽量全批全改)。
策略 3:作业分层(因材施教)。
策略 4:制度保障(将学生平时听课、回答问题、交作业等情况纳入考核,记入期末考试成绩中,特别是作业上交情况应定期讲评)。
策略 5:合理安排时间和作业量。
策略 6:认真批改。

幼儿园　　**小　学**　　初　中　　高　中

教育篇

策略 7：家校携手，发挥教育合力。

阐述

小赵同学不交作业，原因可能是多方面的。

一是学习习惯差，对自己的学习不严格要求，慢慢养成了不交作业的毛病。

二是基础知识差，上课听不懂，作业稍难做不来，问其他同学又碍于面子。

三是作业时间紧，白天基本都在上课，做作业的时间只能挤在午休和晚上。

四是存在"偏科"现象，对不喜欢的学科，既不愿意听，也不愿意练。

五是教师作业布置不合理，如作业的难度太大、前后作业间隔短、作业上交时间太紧凑等问题，都可能导致学生不交作业。

六是教师作业批改不认真，这也是导致学生不交作业的原因之一，有些教师批作业只有钩或叉，没有一点等第和评语。

七是家长督促不力，导致孩子懒散成习惯。

基于上述原因，教师可以采取以下有效策略，帮助小赵转变。

一是从教师自身角度去改变：通过作业分层、合理安排时间和作业量、耐心辅导、认真批改等方式，让学生喜欢上作业，愿意做作业。

二是在制度上给予保障：把学生平时听课、回答问题、交作业等情况纳入考核。

三是从学生角度去转变：通过耐心疏导，让学生改变观念，端正态度，明确完成作业的目的。

四是从家长角度去努力：通过家校携手，凝聚合力，多方联动，走进学生心灵，搭建学生健康成长的舞台。

（上海市崇明区教育学院提供）

3. 人小脾气大的梅梅

梅梅今年 8 岁，"人小脾气大"，稍有不顺心的事，她就拿别人或东西出气。上课迟到受批评，回家后就拿妈妈出气，怪妈妈没有早一点叫她起床；在学校值日时打扫卫生，地扫不干净她怪扫帚破了，就拿扫帚出气；考试成绩不理想，她生老师的气,说老师出题太怪太难太偏,让她做不出来……总之,梅梅就是喜欢发脾气,凡事怪别人不好,怪东西不中用,总要骂人、摔东西,把这些当成出气筒。

针对梅梅突发性的情绪反应,班主任王老师和家长联系,父母无奈地说,梅梅一直由家中长辈照顾,非常宠爱,他们有时教育孩子还会被老人责怪,也觉得束手无策。于是,王老师给梅梅提供了一个建议:"梅梅,如果下次你想发脾气,告诉老师一声,老师愿意当你的出气筒。"

请你运用现代教育理论评析该教师的行为。

分析

从梅梅的种种表现中可以看出,由于不当的家庭教育使孩子比较缺乏责任意识,而且情绪的表达与调控有点问题,比较任性。对这样的孩子,必须及早采取有效的教育措施,通过家校合作共同帮助其健康成长。

判断

案例中的班主任能够接纳孩子的问题,这种态度是可取的,但是没有进一步采取有效的教育措施,这是存在问题的。

观点

父母是孩子最好的老师,如果在家庭中父母没有进行恰当的教育,孩子就有可能出现行为问题或情绪问题。对于问题孩子,教师接纳的态度是可取的,但是,对于低龄的孩子在接纳的同时进行有效的行为和情绪辅导是必要的。

同时,孩子的成长离不开家校合力,开展家庭教育指导,帮助父母恰当地实施教育行为,也是学校需要承担的责任。

阐述

孩子的行为和情绪反应都是在与成人的互动中发展起来的,梅梅的问题就是在长辈一味地宠爱加之父母没有进行有效教育的情况下慢慢发展起来的，因此需要从学校、家庭两方面来帮助梅梅。

首先，教师在接纳梅梅问题的同时，也需要让她意识到自己的问题，例如，可以通过情景演示、换位思考等方式让梅梅感受到自己存在的问题，可以通过伙伴的帮助、教师的指导慢慢培养她良好的习惯。同时，可以借助学校心理辅导教师的专业指导，帮助梅梅认识自己的情绪，寻找恰当的情绪宣泄方式，从而有效地表达和调控情绪。

其次，班主任也需要对梅梅的父母开展家庭教育指导，使他们意识到自己是孩子的教育责任主体，必须在家庭内部做好协调，配合班主任的教育行为。同时，在家中也要采取相应的措施，帮助梅梅健康成长。至于家庭教育的具体措施，可以由班主任与家长共同讨论制订有效的方案。

（上海市黄浦区教育学院提供）

4. 男孩不哭

小宋是班里一个矮矮小小的男孩，乖巧懂事，天真可爱，可就是有一个小特点——非常爱哭。写字课上，语文老师教孩子们写"看"这个字，小宋突然就在座位上"哇哇"地哭了出来，把老师吓了一大跳，安静的课堂瞬间热闹起来。

原来，小宋想写得更好看一点，反复在擦这个字，不小心把本子擦破了。他一时不知道怎么办才好，看着破洞的本子哭了起来。

老师安慰小宋："本子破了没有关系，把字写在下一个格子里就可以了。"小宋听了，擦了擦眼泪，不一会儿就写好了一个端正的"看"字。

请你用现代教育理论评析该教师的行为。

 分析

在大人的世界中，一直认为男孩子不可以哭，男儿有泪不轻弹，小小男子汉不可以掉眼泪。但其实男孩子也是孩子，他们也有情绪需要宣泄，有时候在成人眼中一件很小的事情，在孩子们看来就是一件比天大的事情。

判断

案例中这位教师的做法是正确的,教师正视了孩子的情绪,没有因为这是一个男孩子就不让他进行情感宣泄。

观点

情绪的产生是一件极其正常的事情,教师应该引导孩子正视自己的一切情绪,试着接纳自己的情绪,不要抵触负面情绪,不要因为产生了负面情绪就觉得自卑惭愧。同时要引导孩子学会管理自己的情绪,在发现自己有情绪波动的时候,要适时转移不良情绪。

阐述

事物原本就有两极性,有喜就有悲,对于孩子的负面情绪,教师要教会他们正视这些情绪,在一些不合适宣泄情绪的时候学会尽量控制自己。更重要的是,要教会他们解决问题的方法,要告诉孩子有比哭更有效的解决方法。和哭泣相比,动脑筋思考办法、与人沟通、寻求帮助等都是更有效解决问题的手段。

(上海市黄浦区蓬莱路第二小学提供)

5. 偷换试卷后

考试卷子发下来了,小丁一看自己的卷子,说道:"真是的,又是一个D,我怎么那么倒霉……"哎,让我看看别人的,小丁转头一看后面小明的卷子"哇,好大一个A呀,小明真厉害"。小丁瞬间觉得很不舒服,想想今天放学以后卷子要给爸妈签字的。怎么办呢?"咦,有办法了,我把小明卷子的名字改一下不就行了吗……"说做就做,小丁把小明的卷子拿到自己桌上,并且改成了自己的名字。

第二天被张老师发现了,张老师马上通报家长并在全班同学面前点名批评、指责他欺骗老师和家长,并罚他重做两遍试题。小丁非常失落,嘟嘟囔囔"不就改了一个名字吗?至于这样吗?"

幼儿园　　**小　学**　　初　中　　高　中

教育篇

请评价案例中师生的做法。

 分析

案例中学生冒用别人的姓名是其心理的正常反应，而张老师的处理方法是关键，应该抓住学生和教师两个角色进行分析。

判断

小丁的做法是错误的，同时张老师的做法也有不妥。

观点

作为一名小学生，希望自己能得到同伴的认可以及家长和老师的赞扬是正常的心理。小丁年龄小，不具备足够的心理承受力，考试不理想害怕被家长责备，从而做出了不当的行为。虽然行为上是错误的，但这符合小学生心理发展的规律。

作为教师，应该熟悉学生的心理发展特征，发现小丁的问题时应该第一时间了解原因并分析问题，而不是一味地惩罚。张老师罚小丁做两遍试题，并没有为他提供正确解决问题的方法，没有做到循循善诱。

阐述

当教师发现小丁改了试卷上的名字时，应及时找小丁了解原因并问清情况。同时告诉小丁他的做法是不对的，在沟通过程中注意要循循善诱，以理服人，提高他的认识，调动其主动性，使他积极向上。在小丁看来，改名字是一件小事，教师要引导小丁认识到不诚信行为对自己成长的危害。

如果小丁是害怕家长训斥，教师可以亲自联系小丁的家长，分析小丁语文成绩不理想的原因，并提出一些帮助其提高成绩的建议，实现家庭与学校的良好配合。

（上海市闵行区莘庄镇小学提供）

6. 特别的家庭作业

妇女节前,老师布置了一次特别的家庭作业——给妈妈洗脚,并把这件事记在日记本上。第二天,老师检查日记时发现竟然有一半的学生没有做这项作业,经询问才知道许多妈妈不让孩子替自己洗脚。

家长会上老师给家长们讲了一个故事,有人看见一只幼蝶在茧中挣扎了很久出不来,出于好心,便用剪刀小心翼翼地剪开茧壳,让这只幼蝶轻松地爬了出来。然而,不大一会这只幼蝶竟然死掉了。原来,幼蝶在茧中挣扎是在锻炼自己,让身体更加结实,让翅膀更加有力,从而使自己从茧中出来后能够生存和飞翔。可见,"替蝶破茧"恰恰害死了这只本可翩翩起舞的蝴蝶。

请你运用现代教育理论评析该教师的行为。

分析

一个从小就不知关心、体贴、孝敬父母的孩子,即使长成大人也不会想到去给年老体衰的父母洗一次脚。到那时,做父母的岂不悔之晚矣?谁应该承担这个责任呢?

判断

案例中教师的做法显然是对的,教师运用迁移的方法引起家长思考:应该确立正确的教育观,让孩子在日常生活小事中逐步养成良好的品德和行为,继承孝亲敬老的美德,将来才能成为德才兼备的有用之人。

观点

教育家赫尔巴特曾说:"使教育过程成为一种艺术的事业。"在家庭中,培养孩子独立做事时最关键的是家长自己要战胜自我。有的家长一见到孩子碰到困难,不是鼓励他去克服困难,而是立即代劳;还有的家长明知应要求孩子克服困难,坚持自己去做事,但只要孩子一哭一闹,立即心软并妥协,依顺孩子,从而前功尽弃。

家长应放手让孩子锻炼,对于孩子独立去做的事,只要他们付出努力,家

小学
教育篇

长就应予以鼓励和帮助,这样会提高他们的积极性,增强他们的自信心,增加他们锻炼的机会,促使孩子养成独立的行为,传承孝亲敬老的美德。

阐述

教育家陶行知曾说过:"我们深信教育是国家万年根本大计。"

这次失败的家庭作业引起教师的深思:如今的孩子大多是独生子女,有些孩子只知道得到,不懂得付出,只知道享受,不懂得回报。其实,这都是父母的溺爱造成的。当下,很多家长对孩子的智力发展和身体健康都十分重视,却极少考虑如何让孩子学会独立、学会挑战、学会关心和帮助别人。这种忽视养成教育的行为,是得不偿失的。

教师和家长应放手让孩子做力所能及的事,孩子的独立性是在实践中逐步培养起来的。在这个过程中,教师和家长要认识到,年幼的孩子总是在反反复复中感受着劳动的乐趣和独立做事的快乐。

（上海市普陀区朝春中心小学提供）

7. 不听讲的孩子

有这样一个孩子,在课间休息时经常与同学们打闹疯笑,精神百倍,可一到上课就无精打采、眼神游离,还爱做些小动作。开始,老师为了提醒他,会请他回答一些简单的问题,可他却支支吾吾答不上来。渐渐地老师不再请他回答问题,每次上课就把他晾在一边了。

请你运用现代教育理论评析该教师的行为。

分析

这个孩子在行为上是有与众不同之处,但是教师发现问题之后置之不理是这个案例中矛盾产生的主要根源。

判断

显然这位教师的做法是错误的,教师见孩子出现听课问题时,没有纠正他不认真听讲的坏习惯,也没有及时帮助他提高倾听的好习惯。孩子对学习没有兴趣也是问题所在。

观点

学生对知识有自己的理解并发表看法,能让教师对学生是否掌握新知识做出准确的判断,学生具备良好的倾听能力是参与课堂的第一步。激发学生的学习兴趣和培养学习习惯要同步进行。

阐述

(1)明确目标,引导倾听。

教师在平时的课堂教学中要强调听与说同样重要——说是表达自己的想法,让别人明白自己,听则是理解别人。可以请学生学会倾听,然后给其他同学提出建议,看谁说得有道理。学生被这种竞争的气氛所鼓舞,会积极参与到课堂的交流和讨论中,慢慢地气氛也会越来越投入。

(2)恰当评价,鼓励倾听。

在倾听能力的培养中千万不要吝啬表扬,要通过适当的鼓励让学生感受成功的喜悦。在别人表达想法时,鼓励学生认真倾听并说说自己的想法,同时用掌声、小红花等作为奖励送给他们。有了成功体验的他们就会继续参与倾听,长此以往,学生的倾听能力自然会提高。

(3)家校沟通,奖励倾听。

经常与家长联系,共同商量培养孩子良好学习习惯和倾听习惯的办法,建议家长选择适当的教育方式,善于发现孩子的闪光点,为孩子提供表现自己的机会,并适当进行奖励,让孩子多一些成功的体验,让他们在家长和老师的肯定、鼓励下慢慢进步。

(上海市普陀区朝春中心小学提供)

幼儿园　　小学　　初中　　高中

教育篇

8. "两面派"

小艺是三年级某班的一名中队委员，平时积极主动，管理能力强。每次上课时，积极举手发言，她的观点新颖，经常会引得大家的注目。

但是，她最近成为焦点，却是因为同学们的连连告状。

"老师，小艺把我的餐巾纸偷偷掏空了，就留下一个空壳。"

"老师，昨天我放在书包的进口笔不见了，今天早上我在小艺那瞧见了。"

"老师，小艺老欺负我，我不想和她坐在一起。"

……

更有甚者，我在其他家长那得知，小艺竟然在课外补习班里把老师准备的零食奖品偷偷拿了，公然在教室里大吃起来。

经过了解，我才知道小艺家新添了个妹妹，家里人因为要照顾新生儿疏忽了对小艺的照顾，很多原来给到小艺的关爱转移到了妹妹身上。小艺不再是家庭的重心，她的情绪开始变得焦虑，行为也变得怪异起来。有时的乖巧是因为想重新得到父母的恩宠，有时的暴虐是为了引起父母的关注。

请运用现代教育理论评析该案例。

分析

孩子的表现大多有两面性。在老师面前，小艺竭力表现的是最优秀的一面，使得老师极其信任和认可她，但是长期的优越感使得她在同伴面前比较自私自大，总想以自己的思想去左右同学们的行为，一旦有不同的声音，她就以极端的方式去应对。当然，这其中肯定也有家庭环境和教育的因素。

判断

这个孩子的两面性比较突然，行为意识有一定的偏差可能是孩子的个性使然，也可能存在家庭环境的突变诱因。

观点

这个年龄段的孩子处于辨别是非观念形成但并不完善的状态，孩子的安全感不稳定，一有变化可能就会产生不安全的感觉，进而影响自己的行为。只有家校联动，教师和家长互相配合，才能形成教育合力。

阐述

小学中年级是培养孩子情绪控制能力的关键期，孩子的情感发展由易变性向稳定性过渡。这个时期，如果教育和引导得当，可以使孩子的情感和行为控制能力有较大的提高。随着孩子情感生活的不断丰富，他们的道德感、理智感、友谊感、责任感、审美感、集体荣誉感也有了进一步发展，但如果有不利的因素干扰，孩子的行为表现就会出现反复和变化。

教师要请家长配合，稳定孩子的生长环境，时刻注重孩子的情绪变化，让孩子能平稳过渡非常时期。

（上海市松江区实验小学提供）

小 学
管理篇

一所学校是由无数性格各异的学生和教师组成的,每天的教室、操场、实验室,课堂教学、运动活动、课外活动等方面都能体现出一所学校的管理水平。学校运行的井然有序、师生关系的和谐、处理校园意外的从容冷静等都是学校管理水平的直接体现。

1. 班里的特殊孩子

一位年轻教师刚接手一个班级，担任班主任。某天早晨，第一节课开始了，同学们秩序井然准备上课，忽然门口有个小小的身影。老师抬头一看，是班里的小赵同学。可小赵同学看到老师后，立马从前门躲到了后门，还做鬼脸。这时，老师心中的怒火油然而生，快步走出门口，一把抓住了他的书包，但小赵丢下书包抱头往楼上跑去，脸上满是惊恐。"老师，他是自闭症儿童。"后方传来班长的声音。

请从教育心理学的角度评析这位教师的行为。

分析

学生调皮不是师生矛盾产生的根源，教师片面地断定孩子的行为是对他的挑衅，才是问题的关键。

判断

案例中教师的行为肯定是错误的，教师的问题在于没有深入了解孩子的实际情况，处理比较武断。

观点

教师对随班就读的特殊儿童应该具备一种特殊的儿童观，不能"一视同仁"，要"差别对待"，以融合教育为主，才能促使他们与其他同学正常相处。

阐述

自闭症儿童由于其固有的生理缺陷和心理缺陷，通常会出现一些超乎大家想象的行为表现。自闭症儿童体验到的世界经常和一般人不太一样，他们会感受到比一般人更夸张、更紧凑、更放大的感官知觉经验。自闭症儿童的干扰行为，绝大多数时候都不是故意不服从老师，或者有意违反常规。

案例中的小赵同学估计并不是要和老师玩"猫捉老鼠"的游戏，而是面对一个新老师他一时之间还无法适应。如果案例中的教师能及时掌握这个孩子的情况，合理引导，耐心沟通，可能情况就会截然相反。

（上海市青浦区教师进修学院提供）

2. 球场冲突

体育课上，孩子们正在操场上打篮球，战况"激烈"，两名学生发生了冲突，气氛紧张。我见这情况，站在原地默默地关注着他俩，Z同学看到了我，就慢慢地停止了他愤怒的"咆哮"。待他俩过来，我开始说话："瞧你俩刚才的样子，好像恨不得把对方吃了！要不要我在全班同学面前安排一次表演赛呀？"他们把头低了下来，红着脸说"不要"。我看火候已到，问道："打球时发生碰撞是很正常的，你们的行为有失'绅士'风度，我现在不追究谁对谁错，只想问一句，这件事是你们自己处理呢，还是我来处理？"他们互相看了看，说："自己处理。"于是我让他们商量处理的办法，商量好了再向我汇报。五分钟后，他们握手言归于好。

请运用现代教育理论评析该案例，谈谈你的看法。

分析

学生在打球时发生冲突的情况并不少见，教师一味地批评指责，学生不一定能够深刻认识到自己的错误，如果教师能试着把事情交给矛盾发生的主体双方自己解决，教育效果可能会更好。

判断

案例中教师的做法显然是成功的，教师在让学生自己解决问题的同时也培养了学生处理问题和解决问题的能力。

观点

当学生出现矛盾和纠纷时，教师要多一点等待，多一分耐心和关注，尝试让学生通过自己的方法去解决。

📢 阐述

以往在处理这类问题时,教师总是会问谁先出的手,以辨出个谁对谁错来。殊不知这样一来,教师自身在不知不觉中被套进了冲突的漩涡,学生间相互推诿,相互指责,不会考虑自己所应承担的责任。因此,问来问去也问不出个所以然,事情往往还越搞越复杂,既影响教师的教育威望又牵扯很多精力。

解铃还须系铃人。由于大家生活、学习在一起,学生之间发生矛盾和冲突在所难免,学生间发生矛盾冲突并不可怕,关键在于教育学生如何面对矛盾,如何处理矛盾,以及如何避免矛盾的发生。

在处理学生冲突事件时,教师的角色不是一个仲裁者,而应该是一个指导者。应该让学生自己去面对矛盾,应对由此带来的后果,反省自己在事件中所要承担的责任。只有这样,才能真正提高学生解决问题的能力,才能从根本上减少冲突的发生。

(上海市长青学校提供)

3. 一颗小海星引起的风波

开学初,学校实行了小海星的奖励制度。行规好的中队能得到小海星,其他中队小海星的数量每周都在增加,而我们中队的评比栏却一直停留在两颗。每周评比结束,队员们都会簇拥在小海星评比栏前,互相指责。慢慢地,队员之间的关系淡漠了,中队也不再团结了。

为此,中队长看在眼里急在心里,他组织中队委员开会,邀请我一起参加,针对集体一盘散沙的状态,大家各抒己见。最后决定通过一节特殊的少先队活动课——"一颗小海星引起的风波",来增强中队的凝聚力。

请运用现代教育理论对班级管理中的学生行为进行评析。

管理篇

分析

当今的 00 后学生绝大部分是独生子女,他们大多从小被长辈骄纵溺爱,导致他们责任意识淡薄,特别是在集体中以自我为中心、推卸责任的现象尤为普遍。

判断

案例中的学生出现责任分散效应,他们漠视班集体建设,出现推脱和逃避责任的现象。

观点

在班级管理中,班级凝聚力的建立仅通过教师的说教收效是甚微的,由学生组织和学生主导开展的活动课才能真正扣动学生的心弦。

阐述

以"一颗小海星引起的风波"为契机,准备相关活动材料,挖掘中队建设中队员责任意识淡薄的具体案例来开展活动课。

通过测试,让队员们了解什么是责任并唤醒队员的责任意识;通过游戏体验,增强队员主动承担责任的意识;通过实际案例,践行责任,增强队员的集体荣誉感,增强中队的凝聚力。

在轻松愉快的氛围下,在潜移默化中,让队员了解、感悟和践行责任。通过"在中队建设过程中队员应该承担的责任"这一话题,以小见大,延伸至对家庭和社会责任的讨论与实践,将社会主义核心价值观融入学生的行为实践中。

(上海市金山区海棠小学提供)

4. 公平与偏见

办公室里,老师正在找一个男孩谈话,只见男孩歪着个脑袋,一副满不在乎的样子。

老师没好气地问道:"今天上课又犯什么错误了?还把女同学打哭了。"男孩仍旧歪着头,看也不看老师一眼。老师抑制住心中的怒火,问道:"你告诉我,这是怎么一回事?""她对我不公平!明明我上课表现很好,她就是不给我敲小红星!她不公平!我就是要打她……"老师还没等男孩说完,气愤地说道:"你打了人,你还有理了!"接着,又是一顿训斥,把男孩以往的表现一一数落了一遍,让他放学后把家长叫来。男孩气呼呼地离开了办公室。

请你运用现代教育理论评析该教师的行为。

分析

案例中的学生是一个多次犯错的孩子,但从他想得到小红星的表现来看,孩子还是想得到肯定的。而同学的偏见、老师的不信任和不问缘由的批评就是这个案例的矛盾根源。

判断

案例中的教师处理问题过于简单和草率,教师的问题在于没有和学生建立相互信任的关系,带有偏见地处理问题只会增加学生的逆反心理。

观点

学生是独立的个体,每个学生都有自己独特的性格,行为有偏差的学生更需要教师的关心与爱护。教师只有尊重学生,成为学生的良师益友,才能更好地关注学生的身心发展。

阐述

孩子是非常感性的,也是非常天真的。每个孩子都有自己的闪光点,只是我们没去发现罢了!案例中的男孩是个顽皮的孩子,每天都会犯这样、那样的错误,致使每个人都把焦点放在他的错误上,教师也对他的上进心以及同学的偏见视而不见。因为没人理解他,没人听他辩解,久而久之就产生了他总是用拳头来解决问题的行为。

管理篇

孩子的成长过程中，总免不了出现一些偏差，这时候需要成人不断地引导。教师作为教育工作者，更应该耐心地引导孩子在发生事情时做出正确的判断，采取合理的行为，这对培养孩子正确的世界观和道德观有着举足轻重的作用。

案例中的男孩其实十分可怜，同学对他有偏见，所以无论他怎样改变，同学都不予理睬，教师应该及时发现这一点。这时，孩子最需要一个倾诉者，教师不妨耐心地听他讲述事情的经过，然后告诉他老师相信他是个诚实的孩子，当别人不信任他时老师信任他。此刻，孩子幼小的心灵一定会有所触动。抓住这个时机，教师再告诉他以后发生这样的事该怎样处理。

师生之间只有建立了信任，教师的教育才有可能产生效果。教师应明白，往往最不讨人喜爱的孩子其实是最需要教师细心呵护的孩子。

（上海市黄浦区卢湾一中心小学提供）

5. 自由组队

春游了，班主任告诉学生这次春游有自由活动时间，小朋友可以自由组合成小组开展活动。孩子们兴奋不已，纷纷找到自己的好朋友组成小团队。

这时，老师发现班级里最调皮的几个男孩子全集中在一个组内，于是要求他们重新组合。这几个孩子满脸不情愿："老师，为什么要拆散我们组？"

老师看了他们一眼说："你们几个太调皮了，在一起会闯祸的，我不放心。"

"你不是说让我们自由组合的吗？"一个胆大的孩子不服气地嘟囔。

老师的脸色变了："你们几个在一起就是不行，要么自己再重新选择一个组，要么老师指派你们到一个组。"

看到老师发火了，几个孩子只好灰溜溜地散去。

请你运用现代教育理论评析该教师的行为。

分析

教师事先没有充分预设到学生的自由分组情况，导致几个"皮大王"组合在一起，然后出尔反尔，硬要拆散这个组，导致学生不满。

判断

教师在处理这一问题时,有明显的权威主义倾向。教师没有建立正确的学生观,没有充分尊重和信任学生,从而造成学生的不满情绪。教师的言而无信也降低了他在学生中的威信。

观点

在一切活动中,教师要发挥学生的能动性,促使其发展,要尊重、信任、理解、引导学生。师生关系是平等的,要坚持教育的民主,杜绝命令主义、权威主义。

阐述

在教育活动中,教师要树立正确的学生观,充分尊重学生,爱护学生。在本案例中,教师的出发点是好的,尊重学生的主观意愿,让他们自由组合成小组开展活动,但是当出现事与愿违的情况时,教师没有进行正确的引导,而是采用"家长制"的作风,强迫学生解散小组。这样做,不仅伤害了这几个学生的自尊心,春游带给他们的快乐也荡然无存。

正确的做法是教师充分信任他们,尊重他们的选择,但是要引导他们安全有序地开展活动,在活动中教师也要格外关注他们,一起参与他们的活动,说不定这正是转变他们的契机。

(上海市杨浦区打虎山路第一小学提供)

6. 掉在地上的枫叶

秋游时,孩子们走出校园,来到公园里。秋天正是树叶开始逐渐掉落的季节,几个学生在中午吃饭休息时,捡起了掉落在地上的枫叶开始玩耍。

老师看见了,便走过去制止他们:"掉在地上的东西脏不脏啊?还在吃午饭呢!把脏东西吃下去了,生病怎么办?马上扔掉!"

管理篇

同学们只好把树叶重新扔在地上。

请你运用现代教育理论评析该教师的行为。

分析

对于该教师的行为，不能单纯地说正确与否，但是在处理这件事上，可以有其他更好的方式。

判断

案例中教师的做法不能说是错误的，教师的出发点是好的，但是在处理这件事的方式方法上可以有一些改进。

观点

学生在教育中占主体地位，教师不仅要关心学生的身心健康，还要引导他们具有探究精神，开展自主学习。

阐述

儿童对于世界中的一切都是好奇的，在他们的好奇中，如果教师能够很好地引导，那么孩子们的探究精神就能够被激发，能够培养他们自主探究的学习习惯。

虽然在吃午饭时观察地上带有细菌的落叶不是一个恰当的时机，但是教师也可以用委婉的方式，让学生们餐后再观察研究，或者是先引导学生们以更科学的态度去观察落叶，而不仅仅是玩耍，然后让他们回家之后自行查阅资料，并提示他们在吃东西前需要洗手或是用湿纸巾擦拭，保持自己的手部清洁后再进食。

回到学校后，可以开展有关健康的主题教育，还可以请这几个学生当小老师，告诉其他小朋友不同叶子的特点。

（上海市杨浦区控江二村小学提供）

7. 懵懵懂懂的"小迷糊"

"老师，我的作文本忘在家里的写字台上了……"

"老师，今天我忘记带饭钱了……"

"老师，您能帮我打个电话给妈妈吗？今天有游泳课，我忘记带游泳裤了……"

面对这些生活习惯和学习习惯不是很好、经常缺这少那、整天懵懵懂懂的"小迷糊"们，教师该怎么办呢？

分析

孩子"忘性大"的背后，有父母过度"保护"的因素，也有学校和教师没有及时纠正的因素。父母为孩子做得过于细致，孩子就容易形成依赖，对自己的事情不操心；教师对学生的马虎过于宽容，学生就不容易形成记忆痛点，导致反复犯错。

判断

做事马虎、丢三落四是生活行为习惯较差的表现，显然这样的孩子做事计划性不强，也没有常性，条理性差。久而久之，孩子自然不会养成良好的行为习惯。

观点

教师要及时正确地引导和帮助学生养成在做任何事时都应认真细致、思考在前的行为习惯。

阐述

面对这些"小迷糊"们，教师要及时对其进行正确引导，要告知孩子如何才能把事情做好，由于马虎会造成什么损失，等等，引导的目的在于使学生养成做任何事时都认真细致、思考在前的习惯。

幼儿园　　小　学　　初　中　　高　中

管理篇

教师可以利用晨会、周会或个别教育的时间，教育学生不管做什么事，都应有一个周密的计划，先做什么、后做什么，事前做哪些准备、如何开始，等等；也可以教会学生在做事之前准备小纸条，写上自己要用的物品及时间安排，如晚上整理书包时想好要带些什么，早上出门前拿出小纸条看看需要的东西都带好了吗……这些方式都会产生事半功倍的效果。

教师除了对学生进行帮助和引导外，还应取得家长的配合，让家长适当"放手"，让孩子独立整理自己的学习和生活用品，做到家校联合，共同帮助学生养成良好的生活行为习惯。

（上海市杨浦区平凉路第三小学提供）

8. 一个水果引发的矛盾

桌上放着一个堆得满满当当的盘子——黄澄澄的香蕉，晶莹的葡萄，玛瑙般的圣女果，可爱的金橘，"亲民"的苹果、甜橙、香梨，盘子的中间还有一个火焰般抢眼的火龙果……五颜六色，品种繁多，这是为一群孩子准备的小礼物。

眨眼间，刚刚还小山似的果盘便如"台风过境"一般，只剩几个小葡萄在滚来滚去。

抢到火龙果的孩子笑得开怀："我最喜欢这个了！"

手里拿着苹果的孩子有些沮丧："我想拿那个火龙果的，可是……只有一个，被他先抢走了。"

"我也是的，他太快了！""我也是……"周围的孩子纷纷说道，他们都挺不开心的。

遇到这种情况，教师应该怎么办呢？

 分析

什么是"矛盾"，是两个或更多陈述、想法或行动之间的不一致，也是利益的冲突，是求而不得，是认准目标伸手的那一瞬间却发现晚了一步的遗憾。现在，矛盾就是孩子们当下心中的感受——一个水果引发的最真实的"矛盾"。

判断

每个人都是独一无二的，都有自己的决定和内心感受，但那么多个性不同的人生活在一起，难免会有摩擦和冲突，当下的不快是正常的。

观点

尽管每个人都是独一无二的，都有自己的决定和内心感受，但每个人都不是世界的中心，我们要通过观察、倾听、交流的方式，保持一颗为彼此着想的心，才能和别人友好、快乐地相处。

阐述

矛盾是生活中常见的现象，学生在日常的相处中不可能不产生矛盾，这是正常的。这种时候，教师不要一味地批评或是"各打五十大板"，这是他们在自己同龄人的世界中遇到的事情，如何面对、如何解决正是他们必须学习的一项生活本领，而这样的情境正是一次很好的学习机会。

这时，教师需要的是引导孩子冷静下来思考，找到矛盾的根源，找到解决矛盾的有效途径。很多时候孩子们只是缺少思考的路径，缺少一种方法，教会他们积极健康的思维方式和处理方法，就能解决不少矛盾。

（上海市闵行区平南小学提供）

9. 美术老师的求助

"美术老师请您快到班级里去管一管。"班干部陈琳向班主任张老师转达美术老师的要求。

原来，美术课刚上课不久，班级里有几个皮大王又在向老师"开战"了。

同一办公室的老师觉得班主任理应第一时间到达现场，协助任课老师解决问题；也有老师认为，美术老师用"班主任"来"要挟"学生并不是明智之举，是在降低自己的"权威"，如果总是用这样的方式依靠班主任，长此以往，学生

幼儿园　　**小　学**　　初　中　　高　中
管理篇

就更不会把美术老师放在眼里。班主任张老师觉得大家说得好像都有道理，自己究竟该不该去，该不该管呢？

分析

几个皮大王又在向美术老师"开战"，他们的行为肯定是有问题的，也直接侵犯了班里其他认真听课同学的权利，必须进行严肃教育。同时，也可以侧面反映出美术老师组织和管理课堂的能力可能相对较弱。

判断

同一办公室老师的两派意见都有一定的道理，但是必须具体问题具体分析。班级里有几个皮大王又在向老师"开战"了，说明班级美术课的纪律问题已经持续了一段时间，肯定比较严重。

观点

在这个案例中，班主任必须关注到以下几个方面的教育。一是良好课堂纪律是保证全班同学正常学习的前提，任何人都无权破坏课堂纪律，这是底线。二是学生对于学科的喜好有偏差，对于老师个人的喜好也有偏差，这都是正常现象，但是应该以什么样的方式提出，用什么样的方式去沟通，这必须要明确。

阐述

思路与对策：
（1）案例中的情况班主任肯定要去。班主任可以先让教室里安静下来，然后在征得美术老师允许的情况下请出带头捣乱的同学个别沟通，保证班级美术课的正常进行。
（2）先与几个同学推心置腹地沟通，主要包括下面两点：
① 无论如何，带头影响课堂纪律是绝对不允许的，这是课堂的规则和底线。
② 不好好上美术课的原因是什么？分别从学生层面和教师层面分析原因。
（3）与美术老师进行沟通。了解学生的真实想法后，再私下里与美术老师

沟通，兼听则明，商量对策。如果美术老师对如何组织和管理课堂有一定困惑，可以给予其帮助。

（4）班级层面的后续教育：

① 重申课堂纪律，告诉学生这是底线，如再有违反，严格按照班级公约和学校相关制度进行批评教育。

② 讨论：如果对某门学科、某位老师或者身边的同学有个人意见，应该以什么样的方式提出？全班力求达成一致。

③ 召开班干部会议，指导班干部如何处置和应对课堂突发事件。

（上海市闵行区实验小学提供）

10. 课前三分钟的智慧

小宝刚进入小学，由于家长的溺爱，他怕苦怕累，行为懒散，自理能力很差。

两分钟预备铃声响了，老师走进教室，发现小宝懒懒地趴在座位上。课桌上、课桌下都是课本，杂乱无章。老师走到他身边，提醒他整理好课桌，拿出学习用品，准备上课。小宝慢慢地直起了身子。这时上课铃声响了，开始上课了。老师不慌不忙地让同学们打开书本，默读课文，同时她用言语指导小宝继续整理课桌，小宝做得不规范的地方，老师身体力行做示范。

在老师的督促下，小宝终于整理好了课桌，老师当场表扬了小宝，小宝不好意思地笑了。老师又提出要求，希望他在下课的时间就能做好这些准备。之后，老师才走上讲台开始授课，而时间已经过去了三分钟。

案例中教师的做法有哪些地方值得我们学习？

分析

上课铃声响了，老师让同学们默读课文，自己则继续指导小宝整理课桌，等小宝终于整理好了课桌，老师才走上讲台开始授课，而时间已经过去了三分钟。这三分钟花得值。

幼儿园　　**小　学**　　初　中　　高　中

管理篇

判断

案例中教师的做法是值得点赞的。三分钟的时间里，班级孩子在默读课文，熟悉这堂课的内容，而她严格要求小宝做好上课前的准备，没有给孩子偷懒的机会，要求小宝养成良好的学习习惯。这一幕其实对于班级其他同学也是无声的教育。

观点

真正的教育不止在课堂，而是抓住点滴瞬间让孩子"促进自我教育"，只有学会自我教育的人才可成为真正的人。引导和培养学生的自理能力是素质教育的目标之一，更是促进自我教育的一条重要途径。自理能力是学生在自我教育活动过程中形成、发展和表现的，因此，激发和培养学生自我管理的动机，顺其自然地训练学生的自理能力，显然是非常重要的。

阐述

"孩子的心是一块神奇的土地，播上思想的种子，就会有行动的收获；播上行动的种子，就会有习惯的收获；播上习惯的种子，就会有品德的收获；播上品德的种子，就会有命运的收获。"

现在很多孩子在家是父母的心肝宝贝，饭来张口，衣来伸手，家里的劳动更是与他们无缘。到了学校，有些学生对整理学习用品和课桌根本没有意识，缺乏一些简单的劳动技能。整洁的课堂环境要由学生自己来创造，这就需要教师抓住时机培养他们的自理能力。教师不仅需要慧眼，更需要坚持不懈！

对待那些"刚刚学会走路"的学生，教师要竭力寻找他们的优点，哪怕是沙里淘金，哪怕是用高倍的放大镜。虽然他们的缺点很多很多，但是要多对那些微不足道的优点发自内心地去赞扬、去鼓励，这样才能撼动他们的灵魂，就像绿茵场上啦啦队的呼喊，能激发他们拼搏的勇气。

改变不良的习惯与建立新的良好习惯是一个相当艰巨的斗争过程，良好自理能力的养成不是一蹴而就，要允许学生自理能力的养成有个过程。作为教师要充分调动学生的主观能动性，使学生自觉地在教师的指导下逐步养成自理能力。

（上海市浦东新区建平实验小学提供）

11. 课间该不该出去玩

这是一个平常的课间休息时间，原本应该热闹、充满欢声笑语的校园，此刻却异常安静。周老师把刚才还疯跑在班级前面小路上的学生全部叫进了班里并开始下发作业本，其实这个作业下午第二节写字课也能完成。

对于中午安静的休息时光，很多老师有话说。周老师说："看到小朋友在外面疯跑，我心慌慌。上一次两个小朋友因为课间奔跑，把门牙磕断的画面至今还历历在目。现在，班级可不能再出什么乱子了。"吴老师也坦言："安全是第一位，现在我都不敢把他们放出去玩了，在教室里倒还好，一出去就会出问题。"

请你运用现代教育理论评析这种现象。

分析

学生天性好玩好动，他们应不应该被教师关在教室里？频频发生的校园安全事故是不是应该成为禁锢学生脚步的缘由？显然，这种现象是不正常的。"因噎废食"的现象与学生的天性发展背道而驰。

判断

教师不能因为害怕发生校园安全事故就不让学生走出班级进行活动。

观点

每个孩子都是一个有生命的个体，他们拥有享受运动、享受自由的权利。

阐述

对于成长中的孩子，只有经过运动他们的健康才能更有保障，因害怕伤害而减少运动，更是违反了孩子身心成长的规律，不利于孩子的身心发展。教师把孩子圈养在教室，他们身体上的伤害也许是减少了，但幼小的心灵却受伤了。孩子们更向往户外广阔无边的快乐世界，教师没有权利剥夺孩子们在户外玩耍的自由。

作为教师，应当还给学生户外运动的时间，满足他们对运动的追求。教师应该改变观念，不能因为害怕而剥夺所有学生的追逐时光。教师更应该做的是加强课间护导，尽可能地避免校园安全事件的发生，同时教师要教给学生自我保护的基本技能。

（上海市金山区海棠小学提供）

12. 冒领的奖品

一下课，小雯拿着书来到老师面前："老师，我的小星星满十个了，可以换小奖品了吗？"按照上学期的规定，上课表现好的小朋友老师会发给他们小星星，集满十个就可以获得一个小奖品。当老师把小奖品给她时，同桌小林却叫道："老师，小雯是把上学期的小星星撕下来贴到这学期的书上了。"小雯的脸一下子红了，老师一听，厉声说："小雯，你怎么可以骗人呢？我要没收你的小星星！上次回家作业没完成，也骗我说忘记带了！"

在老师的一阵炮轰中小雯涨红了脸，小朋友们都纷纷围过来指责小雯。只见小雯走到座位上把小星星一个个撕下，狠狠地扔在地上。

请分析案例中学生行为产生的原因和教师的做法。

分析

从心理学上来讲，儿童的谎言实际上是在表达他们的愿望和要求。小雯知道自己的行为是欺骗，但她依然这样做，说明她已经有了道德情感，但是这并没有帮她抵御住奖品的诱惑。能否战胜内心冲突中的道德动机，就涉及道德意志力的问题。

判断

案例中教师的做法是错误的，不顾学生尊严的批评不但没有起到任何批评的效果，反而恶化了师生的关系。

观点

每个人都希望得到他人的肯定以体现自身的价值,要培养和丰富学生的道德情感,必须让学生和一定的情感体验联系起来。

阐述

当发现学生说谎时,教师要冷静,不要劈头盖脸地乱批一气,应该认真分析学生说谎的原因,因势利导,讲明利弊,指明方向。教师必须在学生形成正确道德认识的基础上,积极创造条件,激发和培养学生丰富的道德情感,抓住其积极的一面给予鼓励,让学生逐步形成良好的思想品质。

小雯撒谎的目的不仅是为了得到奖励,更想得到表扬。教师由当前的事扯到以前的事,让小雯更加反感,自尊心严重受挫。教师提出批评时,一定要针对某一具体的学生和事件,不可泛泛而论,并且要根据学生犯错误的性质和学生的性格选择适当的场合开展批评。同时,批评要"理直气和",要善用无声的教育,使批评的意见变得柔和易于接受。教师要让小雯明白什么样的行为才能真正获得小星星贴纸,要鼓励她,让她越来越自信,用自己的努力获得小星星。

教育是师生共同参与的双向交流过程。教育实践证明,师生之间具有良好的情感基础是教育成功的前提,特别是小学阶段,小学生的身心发育还不成熟,更渴望得到教师的肯定和关心。教师的情感对学生道德情感的发展有着不可忽视的影响。

教师无论是在学生取得进步时给予奖励,还是在遇到困难时给予关心和帮助,都会使学生产生高兴、感激等情感体验。教师要用宽容和爱激发学生内心善良、真诚的一面,使他们心中诚实、自信的小星星熠熠生辉。

(上海市金山区海棠小学提供)

13. 放学时的一年级

一天放学前,班主任路过教室,只听教室里一阵吵闹声,同时夹杂着见习

| 幼儿园 | **小 学** | 初 中 | 高 中 |

管理篇

老师的大声提醒："安静！"探头一瞧，原来一年级的同学们正在整理书包，由于书包柜前的走廊狭窄，同学们挤来挤去，大叫大嚷。拿到书包的同学，站在座位前，又把桌子摊得一塌糊涂，有的同学书本甚至滑落到地上，又发出嘈杂声，所以无论老师怎么喊也没有用。

这时候，教师该怎么做呢？

分析

年轻的见习教师往往不了解低年级学生的年龄特点，没有预见到口令下达后会发生的情况，所以一旦遇到突发问题，除了吼几声就没有别的应对方法。

判断

见习教师的做法肯定是错误的，教师没有考虑到低年级学生的年龄特点和自理能力的特点。

观点

对于小学生的教育，应该根据他们的年龄特点，先指导理书包和拿书包的方法，再分步逐步进行，最后还要操作反馈。

阐述

一年级的学生，通常只有六七岁，他们年龄小，依赖性强，动手能力差，没受过正规的教育训练，教师对于他们的训练切不可太心急。教师要站在孩子的角度设身处地地考虑孩子的承受能力和掌握情况，只有这样孩子才能踏踏实实，循序渐进，步步走好。

首先，对于一年级孩子的要求要细。他们对抽象的概念理解不够，所了解的知识较少，对于长句理解难，并对教师的一些要求理解得不够，也把握不好尺度。为此，对一年级孩子提出的要求不能太空洞、太笼统，要求要细、要实，要让孩子一听就懂。而且对于一件烦琐的事情，必须指导他们如何分步骤去做，这样才能让学生一步一步做到要求的水平。

其次，对一年级孩子的评价要快。每个人都急于想知道自己通过努力所做的事会得到别人怎样的评价,一年级的孩子更是如此。为了迎合孩子的这种心理,教师在训练和检查的过程中要细心观察,及时记录典型情况,对于做得好的、进步快的孩子要及时表扬,对于做得不理想的孩子也要进一步指导他们应该怎么做才是正确的。

(上海市第二师范学校附属小学提供)

小 学

沟通篇

学校教育离不开家庭教育，理论上家长和教师有共同的目标——教育好孩子，但是很多时候因为沟通方式不正确，反而产生了不可调和的矛盾。同样的，教师和学生、家长和孩子之间的很多问题也都是因为沟通不畅产生的误会。

1. 铅笔头

一天上课，老师发现一位小朋友没带铅笔盒，做作业时，他苦着脸告诉老师："老师，我没有铅笔。"老师请他的同桌借笔给他，那同桌很不情愿地对老师点点头。当老师在教室里巡视一圈回到那位同学面前时，发现这名学生居然握着一个很短的笔头在写字。老师奇怪地问那位同桌："是你借给他的笔吗？"她点点头。老师严肃地批评她："这么短的笔头能写字吗？你不能借给他长一点的笔吗？"于是那位女同学很不情愿地从铅笔盒里另外拿了一支给他。

请你运用现代教育理论对该教师的行为进行评析。

分析

课堂上，看似已经解决了笔的问题，但从孩子内心来说是不情愿的，教师说话的语气和所说的内容也欠缺合理性，没有从根本上解决问题。

判断

案例中教师说话的语气显然是不恰当的，教师以一种命令式的口吻强迫学生做自己不愿意做的事。教师没明白如果学生没有意识到自己的问题所在，就不会从根本上改变。

观点

教师要正确认识学生问题产生的根源，关注学生的学习发展心理，通过适当的言行对学生的不良行为进行教育。

阐述

此案例看似是小事，但仔细分析，可以成为很好的教育契机。学生不愿借笔给别人可能存在多种原因。为何同桌只肯借给他铅笔头？是同桌小气还是他们之间有矛盾？或是这名学生自己备的笔不足，若借给同学可能会影响到自己之后的学习。

在处理此类事件的过程中,教师要注意以下几点。

首先,注意沟通方式。一名具有良好沟通技巧的教师在与学生谈话时,会注意自己的声音、姿态以及运用和强调的词语,会细心揣摩学生的心理,从正面引导。案例中的教师可以在下课后找这个女孩谈一谈,了解一下她心里所想,再进行下一步教育。

其次,教师最忌武断。在没有调查清楚事实的情况下,教师随便下结论,对于学生来说是不公平的。若是"小气"造成的,就不是个别现象了,这是不少"独生子女"身上的共性,要通过教师引导、榜样示范、家庭教育等多方合力育人,在潜移默化中纠正学生的不良行为。若是"矛盾"造成的报复行为,那就要了解矛盾产生的原因,从心理上进行疏导,从根源上解决问题。总之,教师要先弄明白事情的缘由,再采取相应的教育措施,这样才能事半功倍。

最后,教师在请求同学帮助时,不一定局限在同桌,可以问一下周围同学谁愿意给他借笔。同时,对这位没带铅笔的同学,也应该从学习习惯方面进行相应的教育。

(上海市虹口区第四中心小学提供)

2. 小队分工

探究课上,各探究小队进行第一次集中活动,主题是商讨组员的分工。各小队在队长的带领下,进行着热烈的讨论,很快大多数小队的分工方案已经形成,准备着手下一步工作。

最后一个队的队长却哭丧着脸来找老师:"老师,队员们都不听我的,有的岗位争着干,有的岗位没人选。队员们已经赌气说不干了。"

老师顿时拉长了脸,先把这个小队找来批评了一顿,然后大刀阔斧,帮这个小队进行了分工,搜集信息、制作小报、制作PPT、撰写探究感想、活动镜头采集等一一落实。孩子们虽有委屈,却不敢表达,个个耷拉着脑袋,直埋怨队长会告状。

请你运用现代教育理论,结合自己的工作实际对这一事件进行评析。

分析

小队能否快速而高效地分工并不是这件事情的关键所在,关键的是教师如何引导这个小队的所有成员团结协作,让队长发挥协调作用,而队员则根据自己的特长进行任务认领。

判断

案例中教师的做法显然是错误的,教师简单粗暴地利用了自己的权威,虽然帮队长解了围,可是接下来这个队长在小队中的工作一定更难开展。

观点

一个小队是一个小集体,一个小家庭。队长的作用是合理协调队员的工作,充分调动队员的积极性;而队员应该在发生意见分歧时,采用协商、摆事实根据、投票表决等方式公平解决。作为教师,要充分发挥引领的作用,只是一味地利用自己教师的权威并不能解决实际问题。

阐述

小学阶段的小队合作是学习团结协作的初始阶段,在此关键阶段,教师要明确自己教育者的地位。

面对孩子们的困惑,首先,要弄清楚他们困惑的原因是什么,小队无法合作下去的根源是什么;其次,从小队长和队员两个方面切入,共同商讨一些处理的方法,并让他们自己尝试去解决;最后,在解决成功后,教师要善于引导孩子进行总结,归纳出处理小队矛盾的一般方法,为以后的工作开展奠定基础。

(上海市闵行区实验小学提供)

幼儿园　**小　学**　初　中　高　中

沟通篇

3. 美术课上下棋

美术课上，同学们正在剪着、画着，一份份充满童趣的作品正在诞生。有几位速度快的学生已经完成了自己的作品。其中一位学生拿出了五子棋，邀约同桌一起玩，同桌也正愁无事，欣然应允。两人一开始是悄悄地玩，玩到兴头上，不禁乐出了声。

美术老师发现了，厉声问："你们的作品完成了吗？"

两个孩子轻声回答："完成了。"

老师一看，真的完成了，但是想到他俩在美术课上下棋，真是生气："这是美术课，怎么能下棋？"

"你要的作业，我都完成了呀。怎么不可以玩呢？"其中一名男生壮着胆子问。

"下棋和美术没有关系，不可以！五子棋，拿来！没收了！"

案例中教师的做法可取吗？为什么？

分析

美术课上的确不能下棋，但是教师不与学生沟通，直接批评并没收了五子棋，才是整个案例中矛盾产生的根源。

判断

案例中教师的做法是错误的，教师的问题在于武断地没收了学生的五子棋，没有和学生进行良好的沟通。长此以往，有碍于建立良好的师生关系。同时，教师这么做也打击了学生对于美术学习的兴趣。

观点

与人相处要多沟通、多了解，哪怕面对的是小孩子。只有交流了才会知道学生的真实想法。

兴趣是学习的好伙伴，有了兴趣学生才会投入到主动学习中。作为教师，要激发学生的学习兴趣，引导他们主动学习。

阐述

任何事情的发生总是有原因的，美术老师要与学生交流，了解他们为什么要玩五子棋。其实，这五子棋是数学兴趣课上的学具，数学老师在兴趣课上使用过后，还引导学生利用扑克玩"算24点"，激发了学生计算的兴趣。应该说，数学老师的引导是成功的。兴趣是最好的老师，当学生发自内心地喜欢这门学科时，你让他课上做非本学科的事情，他都不乐意。

美术老师在提醒学生美术课上不能玩五子棋后，应该将学生的注意力转移到自己的美术作品上，让学生介绍自己的作品。此时，教师要善于发现孩子作品中的优点，加以表扬，以此增添学生的成就感，再指导学生如何进一步修改能让作品更加完美。

这样，一方面让学生明确了什么是不该做的，强调了课堂行为规范；另一方面又增添了学生的成就感，激发了学生的学习兴趣，同时还引导学生学会正确利用余下的课堂时间。

（上海市第六师范附属小学提供）

4. 早操排队的意外

做早操排队时，班主任老师看到几个学生嘻嘻哈哈地围着小章，于是走过去生气地说："你们在干什么？快排好队！"

"老师，他只穿了一件校服外套，里面什么也没穿。"一个学生小声说。

"啊？里面什么也没穿？""嘻嘻，他怎么不穿衣服。"同学们在下面议论开，队伍更加吵闹了。

"请大家马上排好队，保持安静！"班主任拔高嗓子喊道。接着又严肃地对小章说："你这样真不文明，以后不可以了，知道了吗？"

小章涨红了脸，一句话也不说。

请你运用现代教育理论，对该班主任的行为进行评析，并思考有没有更好的处理方法。

沟通篇

分析

队伍的吵闹以及小章的行为并不是这件事的主要问题，教师没有问清学生原因就进行批评才是这个案例中矛盾产生的根源。

判断

案例中教师让队伍先安静下来是对的，但在没有了解清楚事情原委的情况下就批评学生显然是有问题的。教师处理问题不能简单、粗暴，不能只看表面。

观点

教师只有充分尊重学生，耐心了解学生出现问题的原因，才能真正地解决问题。

阐述

学生的问题行为大多都是由"消极心理转移"产生的，如果每一位教育工作者都明白这一点，并尽可能地寻求"积极心理转移"，学生的问题行为就能减少很多甚至得到遏制。

一方面，教师应先进行冷处理，做到保持平常心，然后寻求"积极心理转移"。比如，出操回来后当着大家的面表扬小章同学——他非常怕热，平时总是忍不住脱掉校服外套使得班级扣分，所以他就想了这个办法让班级不被扣分，虽然这种方法并不好，但他热爱集体的心值得大家学习。

另一方面，教师应摸清问题发生的原因，向学生和家长分别了解情况。如果是家庭的问题，就更要安慰、关心孩子，给他更多的温暖，同时教育家长不要忽视孩子的成长。

这样，同学们也不会再嘲笑他，相信小章同学以后不但不会做出这样"出格"的举动，反而会更加热爱学习、热爱同学、热爱学校，他会变得越来越积极。

（上海市浦东新区龚路中心小学提供）

5. 与家长相处的度

小王老师年轻，工作充满了干劲，心里装的全是自己班的孩子。她经常与家长通过电话、短信、微信、博客等进行沟通，久而久之，与那些年龄相仿的妈妈们熟稔起来，有的甚至成了无话不谈的朋友。双休日，要么一起逛街购物，要么一起健身休闲，要么带着孩子郊外踏青，处得相当融洽。因为与家长多了一份熟悉、亲近，平日里她自然而然对这几个孩子多了几分关照、呵护。

请你运用现代教育理论评析该教师的行为。

 分析

与家长进行沟通、接触是教育工作的一个重要组成部分。如何使家校沟通行之有效，真正为学生的成长助力？大量实践证明，教师在与家长接触的过程中，只有把握分寸、慎言慎行，才能促进家校之间的和谐沟通。

判断

小王老师的行为显然是不正确的，她与个别家长走得过近，偏向喜欢的孩子，会引起其他家长的反感，还会失去判断的公平公正性，反而无法更好地开展班主任工作，不利于建设良好的班风。小王老师对班主任工作的热爱不容置疑，只是与家长相处的度没有把握好。

观点

家长是学校教育的有力支持者，是孩子成长的引路人，教师在与其沟通、交流的过程中要审慎规范自己的言行，正确合理地发挥家长的作用，从而共同促进学生的健康成长。

阐述

当别的家长察觉到教师对一些孩子有特殊照顾，了解到教师与几位家长走得较近，一定会有微词，也会对教师有看法，这样就难免会有闲言碎语，这对教

沟通篇

师也是一种精神上的伤害。教师会觉得委屈,会后悔自己没有与家长保持适当的距离。

把每个孩子培养成才是教师和家长的共同目标,正因为如此,教师必须时刻不忘自己的身份和角色,必须一视同仁地与所有家长保持适当的距离。教师既不能将有些家长拒之于千里之外,漠然处之,也不能和个别家长走得太近,套近乎、拉关系,否则会影响自己在教育教学中的公平公正,也会让其他家长产生误解。教师要明白与家长打交道,贵在以诚待人,以心换心。

教师可以通过电话、短信、书信等方式与家长沟通,也可以面对面地交流。只要心系学生,坦诚相待,教师必将赢得家长的信任和支持。

(上海市浦东新区龚路中心小学提供)

6. 凭什么只批评我

课堂上,老师和孩子们沉浸在课文描绘的情境中。可就在老师指名让一位同学读课文时,突然发现坐在教室最后一排的豆豆在下面偷偷地和同桌说话。豆豆是班干部,还带头破坏纪律,真不像话。于是老师没好气地说:"豆豆,上课不要随便说话。"谁知他听了,竟小声嘀咕道:"又不是我一个人在说,凭什么只批评我?""作为一名班干部应以身作则,可你做错事还理直气壮,给我站着!"老师大声呵斥。豆豆满脸不服气,只能又无可奈何地站了起来。

请你运用现代教育理论评析该教师的行为。

分析

孩子上课不专心,教师批评虽没错但教育方法有点急躁,未顾及孩子的脸面,伤了孩子的自尊心,导致矛盾的产生。

判断

案例中教师的做法显然是错误的,教师的问题在于批评时没有尊重孩子的自尊心。

观点

当学生遇到问题时,教师可以俯下身子,将自己与学生放在同一个位置上,用宽容的心去理解学生、尊重学生,只有这样才能促进学生的身心发展。

阐述

在现代教育观念中,教师的定位不再是单一的施教者,更多的应该是一个引导者、帮助者。因此,教师不仅要在平时与学生的活动和交流中注意自己的言行举措,更要在面对和处理具体事情时注意自己的言行与情绪,与学生平等相待。

案例中,教师面对不专心听讲的学生采取了生硬的批评手段,才导致这个下不了台的局面。其实课堂上教师可以给学生眼神或形体的暗示,让他意识到教师已经发现他们在说话,并以暗示的方法予以制止。课后教师还应找这个学生聊一聊课上说话的缘由,向他指出这样做会产生的一些不良后果,还要告诉他,作为一名班干部首先要做到以身作则,做同学们的表率,这样才能有威信。

总之,在这个问题上,教师对学生的尊重和宽容格外重要,这有利于构建良好的师生关系。

(上海市浦东新区龚路中心小学提供)

7. 与问题学生家长沟通的艺术

这一周,学生小王被好几个老师投诉:作业连续不做,课上无精打采。班主任周老师批评了多次,小王仍屡教不改。这一天周老师电话联系小王的父母,请他们来校面谈孩子的问题。小王父母立刻停止工作,请假前来。半小时后,俩人火速赶到学校。

一见面,周老师着急地说:"小王最近这是怎么了?作业不做、上课不听,你们家长不知道吗?"还没等俩人回过神来,老师又接着说:"这个情况我已经反映很多次了,这个学期丝毫没有改进,还变本加厉……"

听着老师一顿数落,小王爸爸火儿一下子蹿上来了。"我们不是没有教育孩子。""我们放下电话就来了，完全支持老师的工作。""可孩子没任何改进呀！""在你心中，我家孩子一无是处，你是对我们家孩子有偏见……"眼看双方越吵越凶，无法收场。

请你运用现代教育理论评析该教师的行为。

分析

教师虽然是好心，可好心却办了"坏事"。如何抓住家长的心理来分析问题，站在教师、学生、家长三方的角度全方位地看待问题、解决问题，是有效进行家校沟通的关键。

判断

案例中教师的做法是积极的，但却无效，反而激化了家校矛盾，不利于问题解决。

观点

与家长沟通要审时度势，多站在对方的角度思考问题，采用合适的话语进行有利引导，才能从根本上解决问题。

阐述

大多数家长都能配合教师做好孩子的教育工作，案例中的家长也是如此。他们非常重视教师的反馈，在第一时间赶到学校，足以说明家长非常在意教师的评价，也从心底里重视孩子的教育。

此时，若教师首先从家长的角度出发，肯定家长的积极态度，而不是一上来就"兴师问罪"，才可能在接下去的双方沟通中奠定良好的情感基础。另外，教师要就事论事，不要将过去的事情与现在发生的事情混为一谈，即便是类似的问题，也要一分为二处理。

在上述情境中，教师可以就目前孩子不按时上交作业和不认真听课的情况向家长详细说明，双方共同分析孩子在学校和在家中的表现，寻找到问题产生的根源。这样处理，会将双方的谈话焦点集中在"分析问题和解决问题"上，而非抱怨、指责对方的工作失误,偏离问题解决路径。同时,教师可以因势利导,引导家长将孩子的问题放在他今后成长的过程中看,用发展的眼光看。家长自然会觉得这样的行为会对孩子今后的学习带来很大影响,从而更加理解和支持教师的行为,而不是纠结于"不喜欢孩子""对孩子有歧视"等想法。

总之,在家校沟通中,教师要学会换位思考,学会巧妙、合理地寻求家长的理解与支持,化干戈为玉帛,让家校沟通更和谐、更温暖、更有效。

(上海市浦东新区张江高科实验小学提供)

8. "护犊子"的爸爸

小邹是一个胆小、害羞的孩子,因为性格内向,平时很少与同学交往。可在一次阳光活动中,调皮捣蛋的小朱推了小邹一下,小邹摔倒在地,班主任老师急忙把他扶起来。老师问他:"摔哪里了?疼吗?"小邹说膝盖有点痛,老师就扶他到卫生室了。卫生老师看了看,没有皮外伤,只是皮肤有点红,于是给他冷敷了一会儿,以减轻疼痛。

之后老师严肃批评了小朱,让小朱给小邹道歉。本以为这件事就这样结束了,谁知第二天放学后,小邹的爸爸在校外对小朱发狠话并动手打了小朱。

请你运用青少年保护条例分析这个案例。

分析

根据《上海市青少年保护条例》规定,未满18周岁的公民视为未成年人,而保障青少年的合法权益,尊重青少年的人格尊严是条例的基本原则。小朱是未成年人,成年人动手打了未成年人,视情节可以追究其法律责任。

判断

即使小朱同学有错在先,但是老师已经严肃批评了小朱,让小朱给小邹道歉了,小邹的爸爸出言威胁并且动手打人肯定是不对的。小朱和小朱的家长有依法检举、控告和诉讼的权利。

幼儿园　　**小　学**　　初　中　　高　中

沟通篇

观点

《上海市青少年保护条例》要求学校要重视对青少年的理想教育、道德教育、纪律和法制教育，提高青少年的思想、文化素质。在这个案例中，小朱欺负小邹的确做得不对，教师及时帮助了小邹，事后也严肃批评教育了小朱同学，让他认识到自己的错误，避免以后再发生此类事件。小邹爸爸的这种行为属于违法行为。其实，教师应该在处理这件事情后及时与双方家长沟通，让家长了解事情的前因后果，即可避免后面家长的动手之举。

阐述

在学校里的确会遇到这样的情况：自己的孩子受同学欺侮，家长代替孩子"出头"，受同学欺侮的小孩家长觉得孩子很吃亏，就帮孩子解决。这样一来小孩之间的问题就转变成家长之间的矛盾，上升到成年人对未成年人的违法伤害事件，家长不理智的处理方式会给孩子带来负面影响，影响孩子的健康成长。

在处理完这个事件，打人家长道歉后，教师依然要与双方家长及时沟通。家长要有一个正确的认识，在小学孩子和孩子之间磕磕碰碰是难免的，我们不要只看到行为的结果是什么，同时还要清楚孩子之间发生矛盾的原因是什么。如果是因为不小心碰撞，也就不至于发这么大的火，家长和孩子都应持原谅对方的态度；如果事情是因自己的孩子而起，那就要和孩子一起分析自己行为的不当之处，让孩子得到教育启示。

对于胆小、害羞、经常受到同学欺负的孩子，教师和家长要告诉孩子不要怕，即使打不过对方，也要在气势上不服输。在小学，那些有攻击性的孩子大多不是品质上的问题，而是由于家庭教育、父母的影响以及孩子自身缺乏控制能力等因素造成的。所以要告诉受欺负的孩子不要怕，下次再遇到这样的事情，要懂得自我保护，应该高声求助："为什么打我？""我要告诉老师！"这样，爱打人的孩子就会"自讨没趣"。

我们可以告诉孩子，在学校里发生的事情该如何去面对。首先应自己去解决，自己解决不了的找老师帮助解决，如果老师也解决不了，可以求助父母。当然，在孩子求助于家长时，家长要理智分析，合理解决。

（上海市浦东新区竹园小学提供）

9. 坚持努力会更好

数学课前，小飞看到我进教室，就帮着我拿作业本，看到我要用多媒体，就忙着拉窗帘。课前两分钟，我在全班面前感谢了小飞的帮忙。这节课，他抬头看我的次数多了，偶尔也会看一下黑板。"小飞，今天老师好几次都看到你在思考黑板上的题目，这很好！如果能再多坚持几分钟就更好了！""我试试吧！"他有些不好意思。

此后的几天，我一直关注着他的听课表现，他一有反复，我就悄悄地提醒他，及时鼓励他；他一有进步，我就马上给予肯定和表扬。这样，从只听5分钟到10分钟再到15分钟，他不断尝试着……令人欣喜的是偶尔他也会举手，尽管有时答非所问，但我也会抓住时机让全班同学用掌声予以他鼓励。就这样坚持了一段时间，他上课听讲的时间变长了。

请你运用现代教育理论对该教师的行为进行评析。

分析

针对小飞乐意与老师交谈、愿意为集体做事的表现，将其闪光点在全班面前放大并加以赞许，肯定他的表现和优点，让其精神上得到愉悦。

当他感觉自己被老师和同学关注时，向他提出坚持听几分钟课的要求，他碍于面子不会拒绝。当他从不听课到能听几分钟课时，及时的表扬和鼓励又给了他信心，这时，再要求他听10分钟课、听15分钟课，他不会觉得特别困难，碍于之前在全班面前的进步表现，他只有尽量控制自己的状态，力求再受表扬。

判断

案例中教师的方法得当。教师针对孩子的年龄特点，放大其闪光点，肯定他的表现和进步，巧用心理效应，先对孩子提出较小的要求，待孩子达成后再提出更高的要求。

观点

心理学家认为，一下子向别人提出一个较高要求，人们一般很难接受，而

幼儿园　　**小　学**　　初　中　　高　中

沟通篇

如果先提出一个较低的要求，然后一步步地提出较高的要求，人们就比较容易接受。这主要是由于人们在不断满足小要求的过程中已经逐渐适应，意识不到逐渐提高的要求已经大大超出了自己最初的预期。

阐述

在教育过程中，教师可以适时地运用"得寸进尺"效应，不要一下确立太高的目标，要从最简单的、最容易的小要求做起，在学生达到了这个要求之后，及时予以肯定、表扬乃至奖励，然后逐渐提高要求，往往会收到事半功倍的效果。

尤其是对于学困生，可以先向他们提出"小步子、低台阶、步步高"的要求，先求得"寸"，再求进"尺"，一步一步地，不断地达到目标，不断地积累成功经验，从成功中获得自信，使他们体会到学习的快乐、成功的喜悦和同学的肯定。这样就可以促使他们去接受更高的目标和挑战。

对小学低年级学生的教学辅导要巧用"得寸进尺"效应，学会分解目标，循序渐进，这样更容易奏效。

（上海市嘉定区南翔小学提供）

10. "丑态"曝光在家长群

课间，同学们正愉快地各自休息着。

突然，老师走进教室，嘴里喊道："默写没及格的，全部都站到角落里来。"

整个教室突然安静下来，在全班学生的瞩目下，几个孩子默默地站到角落，一个个耷拉着脑袋。

只见这位老师从口袋里掏出手机，为这群学生拍了"合照"。几分钟后，这张照片出现在家长群里，附着一句：这些学生默写没有及格。

家长群里立刻有家长跳了出来，质疑这位老师的做法是否欠妥，而老师的回答是："为了提醒这些学生要认真准备默写。"

请分析案例中教师的做法。

分析

家长的质疑其实与孩子默写不及格并无关系，教师对待学困生的方式及与家长沟通的粗暴方式才是这个案例中问题的根源。

判断

案例中教师的做法显然是错误的，教师的问题在于采取了伤害学生和家长自尊心的方式，且对学困生没有提供解决学习困难的有效方法。

观点

对于学困生，教师首先要给予耐心的学习指导，帮助他们解决学习上的困难，建立自信心；其次要选择合适的方式与家长进行沟通，争取获得家长的支持。案例中教师采取的方式会让家长觉得没有面子，进而产生抵触情绪，不配合教师教育孩子，这样不利于问题的解决。

阐述

对于学困生，如果教师能做到因势利导、循循善诱、耐心引导，一定会收到理想的效果。一个班级，学生的学习水平本就参差不齐，教师应当平等对待每一位学生，不因成绩好坏而区别对待。对等第优良的学生要多表扬，对学困生也应多采取激励的方式。

值得强调的是，对学困生并不是要一味激励而从不批评，只是批评时应当注意方式方法，应该用中肯的批评让学生了解到自己须改进的方面，而不是随意打击学生的自尊心。

教师与学困生家长沟通的方式有很多，但一定不是直接把照片发到家长群中。教师应当采用个别交流的方式与后进生的家长取得联系，并针对学生在校、在家的学习情况进行有效对接和沟通，从而协商获得共同正确引导学生进步的方式。

（上海市青浦区庆华小学提供）

幼儿园　　**小　学**　　初　中　　高　中

沟通篇

11. 迂回谈话的技巧

　　某日，老师从学生那儿看到了一个有学校实验室记号的放大镜。于是，该老师决定当一回"侦探"。
　　"这个放大镜是哪儿来的？"
　　"我家里拿的。"
　　"你家里的这个是哪儿来的？"
　　"我爸买的。"
　　"哪里买的？"
　　"街上。"
　　"街上哪里？"
　　……
　　在交谈中，老师似乎看到了学生眼底闪过的一丝狡黠，但她并没有捅破，继续说："我好喜欢这个放大镜，也想买一个。既然你说不清它在哪儿买的，那我就问问你爸爸吧！"说完，就佯装拿出手机。眼见谎言即将被揭穿，该名学生终于松了口："这是我在学校实验室里拿的。"
　　"嗯，能主动承认错误非常好，但是……"
　　请你运用现代教育理论评析该教师的行为。

分析

　　显然，该名学生偷拿实验室的放大镜已经成了既定的事实。但案例中的教师并没有直接拆穿孩子的谎言，而是采用"迂回"的谈话战术，让孩子主动承认了错误。这样的行为既为接下来的诚信教育和责任教育做了铺垫，也呵护了童心。

判断

　　案例中这位教师的做法显然是可行的，她并没有给孩子贴上"小偷"的标签，而是通过巧妙的方法让孩子主动承认了错误。

观点

对于低年级的孩子来说,他们的人生观、价值观尚未完善,有时仅仅因为好奇而去"拿"某样东西。此时,作为班主任,不应站在道德的制高点去批判孩子,给孩子贴上"偷窃"的标签,伤害孩子的自尊心,而应该对其进行帮助、引导和教育,切忌引起学生的反感。

阐述

俗话说"情不通则理不达",教育更需要灌注爱的情感。对于"偷拿放大镜"一事,教师如果以高高在上的态度和家长式的作风"逼"学生承认,接着来一顿劈头盖脸的教育,这样做只会让学生封闭自己,拉远学生与教师之间的距离。久而久之,学生将会对这位教师所有的话都选择"自动屏蔽",这将是非常可怕的。

"人之初,性本善",学生犯错误不是天性使然,往往最初的动机并不一定是坏的。比如,在这个案例中,该生仅仅是出于对放大镜的喜爱,想研究一会儿,但他却用错方式,导致了错误的发生。

这时,需要教师正确的引导和教育。在教育中如果教师一味地指责孩子的错误,放大他们的缺点,而忽略孩子主动承认错误这一优点,那么势必会造成对孩子心灵的伤害。因此,教师完全可以在教育孩子偷拿放大镜的错误之前,先肯定他主动承认错误的品质,发现他的闪光点,引导他向善、向美。

"浇花要浇根,育人要育心。"教师只有真正尊重、理解、关心和帮助每一个学生,才能使他们自觉接受教育,才能使他们消除心理戒备,才能真正拉近师生之间的距离,让教育达到事半功倍的效果!

(上海市金山区第一实验小学提供)

12. 橘子引发的矛盾

一天中午,学校里发橘子,老师嘱咐学生带回家再吃。全班同学几乎都私下偷偷剥橘子吃,唯有他咽回去一次又一次溢出的口水,始终都没有吃。

幼儿园　　**小　学**　　初　中　　高　中

沟通篇

　　放学时，老师看到地上的橘子皮，询问孩子们。每个孩子都胆怯地默认了，唯有他挺胸抬头，干脆爽朗地答道："没有，我没有吃。"老师死死地盯着他，再次厉声责问，他的声音明显低沉了下去。

　　"一点不老实，小小年纪就撒谎。"老师说道，其他同学回家了，唯有他被留下，他流着泪……

　　请用现代教育理论分析案例中教师的做法。

 分析

　　孩子有没有吃橘子，并不是师生冲突的源头，教师草率的判断是这个案例中矛盾的根源。

判断

　　案例中教师的做法显然是错误的，教师的问题在于没有倾听学生的话，全凭自己的主观臆想去判断。

 观点

　　教育的目标是培养人，教师在这个过程中主要起着引导的作用，而教师能否走进学生的内心世界是其成功与否的关键。那如何才能走进学生的内心世界呢？一个重要的途径就是学会用"心"去倾听学生的心声。

阐述

　　社会不断进步，生活节奏不断加快，现代人的压力也随之增长，孩子们也不例外。许多问题都需要教师及时疏导和解决，这就需要教师学会倾听。那么应该怎样倾听呢？

　　首先，教师应该具有耐心和爱心。拥有耐心使教师不会因一时难以听到学生真实的想法而沮丧放弃，持之以恒的真诚必将换来学生真心的回报；拥有爱心使教师不会拒绝学生的求助、呼喊和抱怨。倾听的实质是放下教师的架子，用温暖的笑脸面对学生，加强彼此的沟通和交流。

　　其次，教师要尊重学生，要尽可能多地让学生先说出他的想法和感受，在无言中传达对学生的尊重和欣赏，让学生感受到教师愿意听他讲话。同时，对学生透露的有关生活的隐私或秘密要予以尊重。

最后，教师应在了解真实情况后，与孩子来一次促膝交谈，向孩子承认自己处理不当。这样能让孩子对老师产生由衷的崇敬，师生关系也会进一步融洽。

（上海市奉贤区解放路小学提供）

13. 学困生也有优点

三年级有位叫王峰的学生，经常迟到、旷课、打电脑游戏、和同学打架，门门功课"挂红灯"，尽管老师多次教育，但仍不见好转，他还是经常旷课、打游戏，向同学借钱，同学不借就打人，以致班里同学见了他都躲得远远的。虽然他偶尔也有进步，但没过两天又恢复原样，老师对他也失去了信心。

不过，这个学生并非一无是处，他百米跑速度惊人，在校运会上连续两年获得百米赛冠军，为班级争得荣誉。除此之外，他还特别喜欢画画，象棋下得也很棒。

如果你是班主任，请结合你所学的教育教学理论及相应的教育教学实践，谈谈应如何对待这样的学生。

分析

案例中提及的学生行为差、学习成绩差，在班中属于"双差生"，也就是现在所提及的学困生。

判断

案例涉及的应该是如何转化学困生的问题。

观点

学困生尽管存在行为差、学习成绩差等现实状况，但也一定有自己的闪光点或长处。因此，针对学困生的情况，教师应在充分了解的基础上，多给予他们关心、尊重和指导，并用耐心和真心帮助他们扬优抑缺。

 阐述

案例中的这个学生经常迟到、旷课、打电脑游戏甚至打架，学习成绩门门挂红灯，说明该生学习差，品德习惯也差，转化不是易事。但作为班主任应看到王峰才三年级，年龄小，可塑性强，只要肯下功夫是一定能转化的，教师一定要想办法引导和帮助他。

第一，主动与该生建立良好的师生关系，这是做好学困生转化工作极为重要的前提条件。

第二，在信任的基础上展开全面调查，了解王峰坏习惯形成的原因，这样可以对症下药。

第三，这个学生并不是一无是处，他百米赛跑速度惊人，在校运会上还连续两年获得百米赛冠军，为班级争得了荣誉。除此以外，他还特别喜欢画画，象棋也下得很棒。作为班主任要全面、辩证地看待后进生，要挖掘他们身上的积极因素，并通过表扬和鼓励发挥他们的优势，肯定他们的长处，使他们对自己有信心，进而促使他们逐步扬优抑缺。

第四，要争取家庭的配合与支持，不断树立学生的自信心。

第五，可以发挥班集体的力量，让班中其他各方面表现好的学生经常和他接触，在行为、学习上多给予他帮助。

第六，要抓"反复"，反复抓。注意衔接处，在低谷时应注重培养自制力，在进步时应予以鼓励同时看到不足，在反复时应帮助他明确目标不动摇。

相信只要教师能用心、有爱心、耐心和恒心，一定能帮助这样的"学困生"进步。

（上海市崇明区东门小学提供）

14. "偷梁换柱"的试卷

期末检测练习卷发到学生们的手中，学生A看着自己的卷子很是伤心，走

到老师身边,哽咽道:"老师,我考试时都是做对的,怎么现在都错了?"老师听了很是诧异,仔细检查了卷子,发现试卷上的名字被人更改过。

从名字的笔迹上可以断定,这件事是学生A的同桌学生B所为。老师把目光投向了她,只见她装作若无其事,低着头在订正卷子。老师没有当场批评她,而是下课找机会把她请到空教室,心平气和地和她谈话。学生B在老师的循循善诱下,很快承认了自己的错误。

学生B产生欺骗行为的原因来自家庭。因为每次练习成绩不理想,她的妈妈总是把卷子揉成团,不签名,还要罚她做好几张卷子。老师了解这些情况后,和她的家长进行了面对面沟通。经过多次交流,家长能欣然接受老师的建议,对孩子的教育也有了较大的改观。

请你运用现代教育理论评析该教师的行为。

分析

说谎欺骗是班级生活中学生最常出现的偏差行为之一。教师切莫因细微而忽略,切勿因烦琐而不为。教师要凭着细心、耐心和真心,关心爱护每一位学生,促进他们全面健康地成长。

判断

案例中教师的做法是完全正确的,教师认真贯彻"以人为本"的学生观,关心爱护每一个学生,运用智慧的教学策略,为迷途中的孩子送去一缕阳光,端正了学生的错误认识,改变了家长偏执的教育理念,很好地解决了学生的欺骗行为。

观点

"以人为本"的学生观强调学生是发展中的人。学生处于发展过程中,出现各种问题是成长过程中的必然。针对学生成长过程中的不良行为,教师不要一味地批评,而要深入了解其根源,用智慧的教学策略为学生提供适当的帮助。同时,家校要共同配合。只有这样才能有效地转化学生的不良行为,促进他们不断发展。

幼儿园　**小　学**　初　中　高　中

沟通篇

 **阐述**

　　首先，案例中教师的行为体现了对学生的关爱。教师发现学生 B 的欺骗行为后，没有当场批评她，而是请她到空教室单独交谈，为学生主动承认错误营造了良好的氛围。教师心平气和的谈话走进了学生的心灵，给学生留下了反省自己的空间，产生了理想的教育效果。

　　其次，教师的行为体现了教书育人。教师发现学生 B 的问题后，能够对她循循善诱，找准教育的切入点，动之以情，晓之以理，让学生在和风细雨中认识到了自己的错误，明辨了是非，培养了学生良好的品行。

　　最后，教师的行为体现了为人师表。在教育中要本着"一切为了孩子，为了孩子的一切"的理念，家庭和学校双方共同携手，互相支持和配合，形成教育合力。在案例中，教师了解了学生欺骗行为的症结后，积极与家长沟通，改变了家长偏执的教育观，实现了家校合作育人，既帮助学生改掉了不良行为，又做到了尊重家长。

（上海市崇明区堡镇小学提供）

小　学

素养篇

以下这些案例可以让每位教师思考,教师的基本素养是什么。学会倾听,因材施教,以身作则,不急躁,不武断,能包容……可能一个孩子的改变就在于教师一句不经意的话、一个不经意的举动。

幼儿园　　**小　学**　　初　中　　高　中

素养篇

1. 公开课的小插曲

这一堂公开课，老师引导学生认识城市中不同的交通工具，分析比较它们的优势与不足，旨在倡导"公交优先"。不少学生立马明白了老师的用意，纷纷表示出门要首选公交。

可就在这时，学生丁高举右手，大声说道："出门不能首选公交车，因为公交车上小偷太多了，我妈妈已经被偷过两次了！"

面对学生丁突如其来的发言，老师愣住了，说："这是你的观点，不代表大家。"并狠狠地白了他一眼。

请你运用现代教育理论对该教师的行为进行评析。

分析

是否只有"公交车上才会遇到小偷"不是问题所在，在很多场所都会有意外发生，教会学生自我保护才是解决问题的关键。

判断

案例中教师的行为显然是不正确的，教师的问题在于没有关注个体，没有建立正确的学生观。教师应该关注教学中如何处理预设与生成的关系。

观点

学生是课堂的主人，只有建立平等、民主、和谐的课堂氛围，让学生敢于表达内心真实的想法，并且正面引导学生分析问题，培养学生自我保护的能力和正确的价值判断能力，才能促进学生健康地发展。

阐述

生活是学生最真实的课堂，在课堂上真实呈现生活中的实际问题是为了更好地帮助学生将课堂学到的知识在实际生活中进行检验与实践。

小学生由于认知的局限以及自我保护能力的不足，容易受到成年人负面观点或行为的影响，不能客观、正确地判断。

公开课上的这一幕，并非学生刻意刁难，那是学生真实情感与意愿的表达。教师首先应该尊重学生，给予学生真实表达的权利；其次应该直面学生的问题，正面引导学生看待社会中存在的不良现象，帮助学生解决实际问题，初步形成正确的价值判断和自我保护能力。同时，教师要不断积累教学经验，处理好预设与生成的关系。

（上海市普陀区教育学院提供）

2. 数学课上的漫画书

小张是个机灵的小男孩，对数学的感觉不错，数学也是他最喜欢的科目。而数学老师也沾了"爱屋及乌"的光，他常常对数学老师说："我最喜欢你了！"不过，这学期开学以来，小张在数学课上的表现不尽如人意。那天又是数学课，只见小张头也不抬，"专心致志"地"啃"着他桌肚里那本《爆笑校园》。老师轻轻走到他身边，不动声色地把他的书合上，塞进了课桌的深处，并继续讲课，小张倒也像没事发生一样。

过了一会儿，老师再次经过他身边，他故意伸出了脚，做出想要绊老师一脚的样子，老师在他面前停下，他就对着老师挤眉弄眼了一通。这次，数学老师显然是生气了，大声地质问小张："你想干什么？你不是说你最喜欢数学，最喜欢我了吗？你刚才还偷偷在下面看漫画书。你这样做，是喜欢的表现吗？"小张一脸尴尬，数学老师气呼呼地走回了讲台继续讲课……

请运用现代教育理论分析数学老师的行为。

分析

连续发生的两次事件中，教师的处理方式和态度截然不同，学生给出的反应也全然不同，收到的效果也相差甚远。

幼儿园　　**小　学**　　初　中　　高　中

素养篇

判断

案例中，教师第一次处理小张同学在课上看漫画书的方式是可取的，她不动声色，保护了小张的自尊心，也起到了提醒和阻止的作用。但是，在第二次绊脚事件的处理上有些欠妥和冲动，并且破坏了第一次事件中孩子和教师间的默契，会给原本和谐的师生关系造成影响。

观点

和谐师生关系的建立将会迸发出强劲的教育教学能量，促进教育教学效果的不断提升。

阐述

良好师生关系的建立有赖于教师自身观念的更新、素质的提高以及人格的不断健全和完善，有赖于教师对学生无微不至的爱和时时刻刻的尊重。

在教育教学过程中，如果师生关系处于一种平等、信任和理解的状态，那么它所营造的和谐、愉悦的教育氛围必然会产生良好的教育效果。从学生发展的角度看，优化师生关系可以为学生健全人格的形成与综合素质的提高打下良好基础。

小张和数学老师之间原本有着较好的师生关系基础，小张因为喜欢数学而喜欢数学老师，也因为喜欢数学老师而喜欢数学。小张在数学课上的异常表现，是大部分孩子在学习和成长过程中都有可能出现的现象，其原因可能是漫画书对他产生了极大的吸引力，或是因为喜欢数学老师而跟她开了一个不合时宜的玩笑。

数学老师应该在课上宽容加包容，在课后与孩子谈心，交流课上出现的问题，对孩子提出老师的期望，让孩子感受到老师的用心和爱心，而不应该在孩子一再犯错的情况下情绪失控、丧失耐心，因为这样会让孩子失望和受伤，也会因此破坏原本良好的师生关系。

（上海市长宁区适存小学提供）

3. 指甲

又到了每周一次的个人卫生检查时间，小明同学由于留了长指甲被卫生员查出，扣了班级行为规范检查的分数，班级因此丢失了一次流动红旗。

班主任知道后，找到小明，批评他不剪指甲是不讲卫生的坏习惯，并告诉他指甲不剪干净会有很多细菌。没想到，小明看着老师做过彩甲的指甲低声嘀咕着："老师，那你为什么不把指甲剪干净，而且还涂上了颜色？"

请你运用现代教育理论对该教师的行为进行评析。

分析

教师是否做彩甲并不是师生冲突的源头，教师对自己与对学生要求的不一致以及言教与身教的不统一才是这个案例中矛盾产生的根源。

判断

案例中的教师批评学生不讲卫生，没有把指甲剪干净的做法，本身没有错，问题在于她要求学生做到而自己却没有做到。

观点

教育学生要做到"言传身教"。现实生活中"身教"难于"言教"，只有真正做到"言传身教"才能让教育深入孩子们的内心。

阐述

儿童就如同一张白纸，无论是牙牙学语发出第一个字音，还是蹒跚学步迈出第一步，都是从模仿开始的，他们身上的很多言行举止也是从模仿成人开始的。

教师是每天在学校和孩子相处最久的人，教师的一言一行学生都看在眼里，记在心里。孔子曰："其身正，不令而行；其不正，虽令不从。"教师不仅要用语言告诉学生应该怎么做、不该怎么做，更应该通过自己的行为教育他们。

幼儿园　　**小　学**　　初　中　　高　中
素养篇

女老师爱美，做彩甲本身没有问题，可是作为一名教师，当你要求孩子剪干净指甲的时候，是否考虑过自己也有做得不当的地方。

教育家夸美纽斯说过："教师的职业是用自己的榜样教育学生。"所以教师应随时注意自己的言行举止，在工作和生活中时时处处严格自律，努力成为学生可以仿效的榜样。大教育家的话充分说明了教师以身作则、言传身教的重要性。

（上海市普陀区朝春中心小学提供）

4. 过度批评伤人心

最近在一年级的美术课堂中发生了这样一件事情：老师表扬了一位小女孩，说她画得非常好，并且在实物投影仪上进行了展示，同时也得到了全班同学的赞扬和羡慕。但是没过多久，小女孩却哭了起来，原来是同桌的男孩趁她不备在她的画上乱涂乱画，故意破坏她的画。

老师知道后，立刻让这个男孩子站起来，并且严厉而大声地批评他："小小年纪就做出这样恶劣的事情，长大以后肯定是个坏孩子！你喜欢破坏别人的画，现在你给我坐到最后，一个人坐，看你还能画到哪里去，快去！"男孩子低着头一言不发，整理好学习用品就悻悻然地坐到最后一个人的位置上了。

请你运用现代教育理论对该教师的行为进行评析。

分析

案例中小男孩的确有不当的行为，但是教师这样不顾孩子幼小的心灵，就武断地说他将来会成为一个坏孩子，并且用一种孤立的方式惩罚他，简单粗暴地解决问题，显然是不可取的。

判断

案例中教师的做法欠考虑，教师的问题在于没有认识到孩子作为一个独立的人，也具有各种人性的弱点。

观点

学生是课堂的主体，是课堂中的主人，只有关注学生的心理问题，体验他们的所思所想，才是爱护学生的表现，才能促进学生的身心发展，培养学生的健全人格。

阐述

一年级的学生，刚刚离开幼儿园，到了一个新的、陌生的学校，孩子心理上多少会有些恐惧、焦虑以及新奇。适应能力强的孩子，可能经过几周或一个月的时间就能适应新的学习生活、新的同学、新的老师，但也会有一些孩子不能完全融入，案例中的这个男孩子就属于这类学生。

所以，当他看到别的孩子被老师大大表扬的时候，他表现出小小的嫉妒心、自私心，急于跟别人一样，想要得到老师的认可，以致于做出一个比较冲动的行为——破坏别人使其与自己一样。

其实，学生的这一举动并不像案例中教师认为的那么严重，没有必要把它提升到那个高度，毕竟只是一个八岁的儿童而已。它所暴露出来的只是孩子的好胜心切，也有其积极的一面。

教师对这件事情应该进行"冷"处理，给孩子一个思考、判断的时间，让他冷静下来，想一想自己的行为错在哪里，假如自己心爱的画被别人损坏了会有什么感受。让孩子有一个认识的过程，然后再好好地开导教育，并且要让孩子向对方道歉，以后才能避免类似事件的发生。

同时，教师也要通过这件事情，让全班学生引以为戒。因为，教育不仅仅是点上的问题解决，也需要面上的引导。

（上海市奉贤区南桥小学提供）

5. 当学生举手而不答

课堂上，老师找学生做小老师向大家解释一道数学题的做法。小 A 同学性格内向，一向在班上沉默寡言，成绩不够理想，或许是这节课听得特别认真的缘故，她也战战兢兢地举起了自己的小手，希望能够做一次小老师，获得老师和同学赞赏的目光。老师看到小 A 举起了手，惊喜万分，便请小 A 到讲台前做小老师。当小 A 站到讲台前的那一刻却紧张得说不出话来，双腿发抖。老师看到小 A 半天不说话，就对小 A 说："下去吧，不要浪费大家的时间了，下次不会就别举手了。""我们请小 B 来帮助她……"

请运用现代教育理论分析该教师的做法。

分析

学生能不能答对这道题并不是最关键的，一向沉默寡言的学生举起手的勇气才是学生发展中最关键的要素，而这位教师并没有重视这一点。

判断

案例中教师的做法是不对的，教师不懂学生的心理状态，更不懂得因材施教。

观点

学生与学生之间存在一定的个体差异，教师要根据不同学生的特点因材施教，这样才能使每个学生都获得最大程度的发展。人都有被尊重和被爱的需要，学生也是。教师只有尊重和爱护每一个学生，细细挖掘他们的心理需求，才能在满足学生诉求的基础上使每个孩子都获得最好的教育。

阐述

每个学生都希望获得教师和同学的肯定，实现自我价值。性格内向的小 A 破天荒地举起自己的小手要做小老师在课堂上发言，这是小 A 为了证明自己而鼓起的巨大勇气，也是小 A 学习积极性较高的一种体现，这种勇气将成为学生人生中一笔宝贵的财富。

在学生自信心培养的过程中，教师应多为学生提供表现的机会，并且提供较为正面的评价。一方面，教师要照顾学生脆弱的内心，鼓励学生哪怕遇到挫折也要相信自己；另一方面，教师要多为学生提供表现自我的小舞台，多正面评价学生。

面对小 A 说不出话来的情况，教师不妨走到小 A 面前摸摸她的头，轻轻地在她耳边说"不要害怕，老师相信你可以的"，或者当着全班的面表扬小 A 勇气可嘉，即使害怕但也敢于尝试，教导同学们要向小 A 学习，不畏困难，勇敢去完成自己想要完成的事情。教师要给予那些特别的孩子更多的爱、宽容和鼓励。

（上海理工大学附属小学提供）

6. 桌肚里的彩泥作品

课堂上，老师在认真地讲课，学生也在专注地听讲。突然，老师发现一个学生低着头在桌肚里摆弄着什么。于是，老师问道："××，你在干什么？"

学生一惊，连忙把手里的东西往里一塞。

老师厉声说道："你刚才在底下玩什么？拿出来！"

学生紧张地低着头，没有动。

老师顿时被学生的表现激怒了："我叫你拿出来，你听到没有！"

学生依然没有听从。

火冒三丈的老师冲到学生的座位上，从桌肚里"收缴"了学生刚才在玩的上一节美术课完成的彩泥作品。

请你运用现代教育理论评析该教师的行为。

分析

学生在课堂上为什么没有认真听讲，到底在桌肚里玩什么，这些已经不重要了，关键是教师觉得自己的威严受到了挑战，从而做出伤害学生自尊心的举动。

判断

案例中教师的做法是错误的，教师没有维护学生的自尊心，反而通过激烈的言行将矛盾激化。

观点

教育者和被教育者是平等的主体，教师要学会换位思考，尊重学生，构建和谐的师生关系，促进学生的身心发展。

阐述

在课堂上，师生是平等的；在校园里，师生是平等的；在社会中，师生也是平等的。教师不能因为自己的特殊职业身份而自觉高学生一等。在与学生的接触交往中，难免会产生矛盾和摩擦，这时就需要教师换位思考，冷静处理。

案例中的学生第一次没有"理睬"老师，可能是一时不知所措；第二次没有"理睬"老师可能是左右为难，一时没有主张。过分激动的老师并没有站在学生的角度思考，而是把学生的举动误以为是对老师的不尊重。试想，被误解的学生接下去怎么可能专心听讲，被夺去了心爱的彩泥作品的学生以后怎么可能对这位老师继续尊敬。这一切都与教师的初衷背道而驰。

小学生由于其年龄特点，在课堂上难免会有注意力不集中的时候，教师可以采取不中断课堂教学的方式对学生进行提醒。比如，教师可以边讲课边走近注意力不集中的学生，轻轻地搭一下学生的肩，让学生的注意力回到教学中。

教师可以采取合理引导的方式对学生进行教育。比如，课后找该生聊天，对其认真制作的彩泥作品加以肯定，同时让学生明白美术课堂上的专注和投入，使他完成了一件精美的作品，其他课堂上同样也需要专心参与，才能有更多的收获。这样，既维护了教师的威信，又保护了学生的自尊心，更达到了教育的效果。同时，教师也要从激发学生的学习兴趣着手，不断反思自己的教学行为。

和谐的师生关系要靠师生共同营造，它不能来自教师的蛮横专制，也不能来自学生的畏惧屈从。

（上海市杨浦区齐齐哈尔路第一小学提供）

初 中
教学篇

当孩子开始关注自我,他们就会变得不大听话,会质疑老师的权威、会不按预设的方案思考、会看重老师的眼里有没有自己。青春期的课堂,需要趣味的引导,更需要对独立思考的启蒙。

1. 预习"惹的祸"

老师要求学生根据预设的学案进行课前预习，并且做好问题梳理，以便课堂上有针对性地提问。课前课代表收集问题并交给老师进行整理，有位学生不予理睬，不屑地说道："平时功课多，没空做。"老师把这名学生叫到办公室，问道："为什么不预习，说说理由。"学生回答："有什么好预习的，一没时间，二上课老师不是要讲吗？三我能提问的话还用学吗？"教师训斥道："让你做什么都得做，别的同学都没意见，就你理由多。"学生不屑地答道："你怎么知道别的学生没有意见？"

请你用现代教育理论评析该教师的行为。

分析

其实，要不要预习并不是教师与学生冲突的源头，要求预习的内容不符合学生需求才是教师和学生意见分歧的根源。

判断

案例中教师和学生的冲突，可能是教师要求的预习内容和形式有待商榷。

观点

预习是学生学习的重要过程之一，预习内容应该根据教学目标、学科特点、学生兴趣、学生已有的知识水平和认知能力等方面来设置。

阐述

预习是学生的一种学习能力，是学生自我提高的有效手段之一，也是学生独立进行思考的过程。教师如何设计才能达到预习的效果，让预习变成学生自觉的学习习惯？

（1）激发学生的预习兴趣。

兴趣是学习的动力，浓厚的兴趣能给学生以强大的力量去探索知识的奥秘，这往往是他们进入科学大门的向导。教师可以针对学生的好奇心和求知欲，多设计新颖独特的问题，让学生从多种途径获取信息，拓展知识面。

（2）符合学生的认知水平。

学生知识与技能形成的心理过程，大致可分为以下几个阶段：

① 感知新内容，形成事物现象；
② 理解新内容，形成事物概念；
③ 以概念为基础，形成规律性认识；
④ 巩固新知识，形成技能技巧；
⑤ 运用技能技巧，解决问题。

教师应该对学生原有的知识体系和实际生活经验有一定的了解，设计符合学生认知规律和心理特征的预习问题，让学生用已掌握的学习方法来对新的知识进行自我探究和独立思考。

（上海市甘泉外国语中学提供）

2. 课上玩游戏

信息科技课上，老师布置了课堂练习，同学们都在电脑上认真地操作。在巡视的过程中，老师突然发现有两个学生没有在做练习题，而是偷偷玩起了小游戏。于是生气地走过去说："你们在干什么？"

学生吓了一跳，慌忙把游戏关掉，装模作样地做起练习。于是，老师走开了。可是过了一会儿，两个学生又开始旁若无人地玩起了游戏。这下老师火了："跟你们说过多少遍了，不可以玩游戏，你们是怎么搞的！"说完，老师把他俩拉到后排罚站，只听见有个不服气的学生嘴里嘀咕着："无聊，这有什么好做的……"

请你用现代教育理论评析案例中教师的做法。

 分析

上课是否能玩游戏，只是师生冲突的表面现象。学生成长过程中的好奇心、成功感与课堂内容的枯燥、教师对课堂纪律的严格要求之间的冲突，才是

案例中师生矛盾的根源。

判断

案例中教师的做法显然是不对的，该教师的问题在于没有建立正确的学生观。

观点

课堂纪律的管理固然重要，但是教师应该更注重调动学生学习的积极性，结合实际教学情况适当地改变学习内容，加入一些学生感兴趣的素材，关注学生的学习需求，这样才能让学生喜欢这门课，积极学习课堂知识和本领。

阐述

现在的孩子无论是在生活还是学习方面，都缺乏太多乐趣，所以孩子在学习之余，会想方设法寻找乐趣，而乐趣也正是孩子成长过程中的必需品。

课堂上，教师枯燥无味的讲解和练习，激不起学生的学习兴趣，对于自律性好的学生来说是没有问题的，但对于自律性差的学生来说，他们就会趁老师不备，偷偷去寻找自己感兴趣的事情来做，自我寻求乐趣。

这就对教师提出了比较高的要求，教师不仅要关注这些"开小差"的学生到底是"会不会做"还是"愿不愿意做"，更要对自己的教学行为进行反思和改进。例如，教学设计上能更新颖一些，教学方法上能更多一些引导，让好学生和行为偏差的学生坐在一起多帮助交流，等等。这些才是治标又治本的良策。

（上海市奉贤区育秀实验学校提供）

3. 失控的课堂讨论

下面是一节真实的公开课课堂中的情景。

公开课上，老师正在教授《扁鹊治病》一文，在最后总结全文的时候，问学生："学完了本课，你有什么收获和感受？"学生小手林立，争着回答问题。

老师请其中一名学生回答，学生说："我学会了文中的生字词，知道了'讳疾忌医'的含义，就是说有了病一定要听从大夫的嘱咐，老老实实地医治，有了缺点和错误，也一定要听取大家的批评，认认真真地改过。"

大多数同学都表示赞同，老师也很满意，微笑着示意。就在老师准备完美地结束这节课时，有一名学生B把手举得很高，似乎一定要说出自己的见解。学生B说："我跟大家想法不一样，我认为扁鹊不该跑到秦国去，因为救死扶伤是医生的天职，即使不能挽回蔡桓公的命，总可以延长他的寿命吧！生命无价！"

听了B同学的话，大家的讨论更热烈了，C同学反驳道："蔡桓公的病已深入骨髓，就像现在的癌症，肯定是不能救活了。"

……（就这样同学们你来我往地讨论着，下课铃声响了。）

老师被眼前的情景弄得有些不知所措，急着下课，所以总结说："同学们说得都有道理，今天的课就到这里，下课。"

你认为教师的做法合适吗？谈谈你的看法。

分析

以上教学片段真可谓"一石激起千层浪"，是教师没有预料到的。学生的回答让我们看到了学生的世界充满无限想象力，学生思维的发散性很强并富有开拓性，他们对课文的内容有自己独特的理解。

判断

案例中教师的做法显然是欠妥的，不能仅仅说同学们说得都有道理，而要让学生自己找出依据并明确道理在哪里。

观点

授课教师应该让学生将这个问题放在课后，通过各种有效的方法去讨论，形成自己的观点和论据，激发学生的思维。

阐述

结合现代教学的新理念和新思想，教师在课堂教学中要做到以下三个方面。

（1）课堂要以学生为主体，教师是课堂的发现者、开发者、欣赏者、组织者和引导者。在教学中，教师要鼓励学生交流、讨论、争辩、质疑。

（2）教师要有开放式的教学思想。注意开放并不是放任学生，而是对教材的开放、对学生评价的开放，提倡多元化教学，包括激发学生对教材的不同体验和感受。

（3）教师要重视语文的熏陶作用，要从学生发展的内在需要出发，注意不脱离语文学科的特点，将价值观的引导与提高文化品位和审美情趣联系起来。

《扁鹊治病》是一篇非常有趣的故事，教师在教学中注意教学内容价值取向的同时，应该适当对教学内容进行拓展，尊重学生的独特体验，鼓励学生多向思维、有多种表达。

（上海市奉贤区华亭学校提供）

4. 什么是有效预习

语文课上，老师在查课前预习。老师请了几个同学朗读这篇很长的课文，没有一个能够流利地朗读下去，有些字音学生甚至都读不准。结果老师生气了，把全班查了个遍，除了几个学习一贯认真的学生外，绝大多数学生都没有好好预习，很多学生甚至语文书上一片空白。老师大动肝火，放学后把所有他认为没有认真预习的学生留了下来，要求重新预习。

有个小男孩很倔强，他说："我预习了呀，我读了两遍课文，我妈可以证明！"其他几个也嘟囔："我也预习了呀，我小节号都标好了！"教室里一片"喊冤"声。

请你用现代教育理论评析该教师的行为。

 分析

学生有没有预习课文并不是案例中师生发生矛盾的关键所在，布置作业没有一个明确的作业达成标准才是问题的关键。

判断

案例中教师的做法显然是错误的,教师的问题在于布置作业时没有明确任务达成的标准,师生之间对于怎样才是预习好课文的认识出现了偏差,更让有些学习马虎的学生"钻了空子"。然而教师并没有意识到这一点,反而把学生留下来以示惩罚,这样的处理当然会引起学生的反感甚至反抗。

观点

布置作业,尤其是预习课文这种弹性作业,一定要事先跟学生达成共识:怎么做才算预习好课文?这样学生完成起来才有标准,教师检查起来也才有尺度。学生是学习的主体,是学习的主人。只有明确学习任务并明确任务达成的标准,才能让学生主动有效地完成任务;只有尊重学生,关注学生的学习发展,保护学生的学习热情,才能促进学生的发展。

阐述

其实,凡是布置作业都会牵扯到批改,牵扯到衡量的标准,无论是格式还是内容都要有所考虑。笔头作业相对比较好检查,口头作业属于"软作业",检查起来比较麻烦,但也不是无法查,只要有心完全做得到。

首先,在布置预习作业时,一定要把预习的要求统一并让学生知晓,这样检查起来才有章法。检查的时候要一丝不苟,让学生树立预习作业和笔头作业一样重要的理念,只要理念深入人心了,任务就算完成了一半。

其次,教学中要以表扬为主,不仅在语文课上表扬,还要请班主任在班会课上表扬,在家长群里表扬。天天表扬,课课反馈,时间一长不仅能激发学生和家长的荣誉感、责任心,更能养成学生好好预习的学习习惯,这样比事后惩罚更有效果。

(上海市崇明区东门中学提供)

幼儿园　　　小　学　　　初　中　　　高　中

教学篇

5. "你的眼里没有我"

某学校组织公开课，在老师上课的过程中，有时会向学生提问。去听课的家长发现，老师每次提问时，自己的孩子都把手举起，但老师每次都是请学习成绩好的学生回答，而不会叫自己的孩子。

请你运用现代教育理论对该教学中出现的"关注不均衡"现象进行评析。

分析

教学中"关注不均衡"的现象由来已久，这种现象违背了我国的教育方针，不利于教学质量的提高和学生的全面发展。

判断

案例中的教学行为是错误的，教师在教学中未能树立正确的学生观，导致在教学中出现"关注不均衡"的现象。

观点

学生是学习的主体，是学习的主人，只有尊重学生，关注学生的学习发展心理，才能切实解决好"关注不均衡"的问题。

阐述

在教学中教师要对学生一视同仁，关注每一名学生的发展。教师要以平等的态度对待学生，关注学习成绩好的学生，同时也要看到学习成绩不好的学生的潜力，要采取积极的措施促进后进生的发展。

我国实行素质教育，面向全体学生的教育是素质教育区别于应试教育的标志之一。素质教育强调人人都有接受教育的权利，在教育中每个人都应该得到发展，这是每个学生的基本权利。所以，无论是教师、学校还是社会以及相关教育部门，都不能只把关注的眼光放在少数优等生身上，而要使所有的学生都得到最好的发展。不能把学习成绩当作评价学生的唯一标准，也不能将学生的学习成绩当作评定教师业绩的唯一标准。

教师要善于发掘后进生身上的"闪光点",增强其自信心和集体荣誉感,针对后进生的个别差异,因材施教,对症下药,进行持之以恒的教育,而不是对后进生采取忽视的态度。

总之,通过课程教学改革改变教师在教学中"关注不均衡"的情况,既需要教师和学生的相互配合,又需要社会相关教育主管部门、学校和学生家长的支持,只有这样才能真正从根本上改变教师在教学中"关注不均衡"的情况。

(上海市崇明区东门中学提供)

6. 指导力 VS 学科能力

小夏是名牌大学毕业的研究生,专业水平过硬,脾气温柔,性格内向,他一心想做一名受人尊敬的好老师。可刚一入职,学校就为他安排了一位老教师带教,还要求小夏去参加各种教师培训。小夏非常苦恼,觉得凭自己的学识,教一群初中的"毛孩子",哪还用得着这样"补课"。他觉得带教老师的课上得太传统了,自己束手束脚地,真不舒服。

然而,在期中考核中,小夏老师自以为上得颇有创意的课竟然被学生反馈"不知所云"。学生们感受得到老师的勤勉,可是一堂课热闹之后"雁过无痕"。更令他备受打击的是,他所教班级学生的成绩与年级平均分相差10分之多……小夏老师非常苦恼。

请你运用现代教育理论评析小夏老师的问题。

分析

小夏老师以为学科能力就是一切,他讲课时总是高屋建瓴,但却从来不顾学生的反应,他始终没有明白,对于一名教师而言,指导力比学科能力更重要。

判断

小夏老师所教班级学生的成绩不理想,主要是因为他没有基于学情进行教学，没有和学生建立起连接。

观点

"如果没有与学生的连接，则任何知识传授均毫无意义。"这是近期在微信上流传的一位美国教师的演讲语录，如果没有与世界、他人和自我的连接，则人生无意义，没有连接的教学也是没有效果的。

阐述

对一个教师而言，指导力比学科能力更重要，指导力有许多表现形式，如组织管理能力、吸引注意的能力、激励学生的能力、因材施教的能力，但本质上是和学生建立连接的能力。学生为什么能从教师这里学到东西，是因为教师与他们建立了连接。

教育教学中连接无处不在，比如一名新教师进课堂，在不认识学生的情况下，最需要做的是连接。课堂教学也是新旧知识的连接。与学生建立连接的方法很简单，就是持续的关注、欣赏、鼓励与支持。

小夏老师在连接方法上有一个致命的错误，那就是他很少主动在课后与学生接触。他内向且害羞，不善于交往，由此丧失了重要的与学生建立连接的机会。

一名教师若能放下尊严，在学生面前展示自己的个性，表达自己的情感，则很容易与学生建立长久的连接。当然，连接的前提是教师具有较强的控制自我情绪的能力，他可以大笑，可以大哭，可以狂喜，也可以狂怒，但是不失控，不失态，生动洒脱又戛然而止。这样的老师无疑具有个人魅力，通过这种个人魅力与学生建立的连接会持续若干年。

有了这种"和遇"之缘，学生自然会亲其师信其道。小夏老师只有和学生建立好连接后，才能发挥出他的学科能力，更好地引领学生。

（上海市崇明区实验中学提供）

初 中
教育篇

学生的个性是千差万别的,如何保护学生的个性又培养他们的集体意识?如何对学习上的后进生有所帮助?如何关注学生的情绪波动?现代学校教育中,班主任工作越来越难,也越来越重要。

教育篇

1. "被孤立"的小 A

七年级（3）班的班主任孟老师这几天有点烦。这周六，学校组织去自然博物馆开展户外教学，要求各班同学组成一个个小团队参与活动，可以自由组合。同学们欢呼雀跃，很快就跟孟老师报备了自己的团队。可是轮到小 A 时，却没有人愿意和她一组。小 A 平时喜欢独来独往，性格内向孤僻，现在处在这样尴尬的境地。孟老师做了很多工作，终于有一个小团队愿意接纳小 A 了。然而，就在这时小 A 请假了，说是最近身体不适正好利用这个时间休息一下。

孟老师无可奈何地答应了。

请评析案例中教师的教育行为。

分析

很明显，身体不适是女生为不参加户外教学活动找的借口，为了避免没有小组愿意接纳她的尴尬。

判断

班主任这样做失去了一次教育的机会，没有真正关注学生的感受。

观点

教师进行班级管理时，需要关注学生的心理，不能简单地以解决问题为导向，而应该更关注学生的成长与发展，善于利用冲突场景对班级所有学生进行有效的教育。

阐述

七年级的学生正处于埃里克森人格发展理论中的青少年期（12—18 岁），这一阶段的学生需要解决的是自我同一性和角色混乱的冲突。处在这一时期的学生，需要与同伴们建立亲密的友谊，从而进一步认识自己，从别人对自己的态度中，从自己扮演的各种社会角色中，逐渐认清自己。教师需要帮助学生学习人际交往的技巧和方法。

案例中的小A没有小组愿意接纳她，相信这个现象不是在这次活动中才遇到，在平时应该也是常态，这就是通常每个班级都可能存在的班级"边缘人"。班级"边缘人"是指在班级中处于边缘地位的人，分为班级正式结构中的"边缘人"和班级非正式结构中的"边缘人"。

在班级人际互动的过程中，由于教师影响、社会文化、生活习惯、性格特点、行为习惯等原因，致使某些学生成为班级"边缘人"，对他们转化的目的在于形成更加和谐的班级人际关系。

为了促进班级人际关系的进一步和谐和当事人的人格完善，班主任可以引导小A表达自己此时的感受和期待，一起分析造成这种现状的原因，寻找小A在与同学人际交往中的不足，教授小A一些针对性的解决方案，并带领她一起尝试。对于班级中的其他同学，教师需要鼓励大家互相帮助，团结友爱，也可以共同探讨良好人际关系的重要性，普及一些人际交往的方法和技巧，等等。

（上海市虹口实验学校提供）

2. 抓住机会表扬他

A同学是班级中的成长困难生，他经常忘记带作业，上课喜欢随意插嘴，每次老师和他的交流都离不开批评。

有一次，在批改班级的随笔时，老师发现这个孩子的随笔写得非常认真，有很多修改的痕迹，完成的质量很不错。

"A同学，你的随笔写得不错，是自己写的吗？"

"是的，我妈盯着我写，还让我修改。"

"写得不错哦，我要给同学们读一读。"

他显得有点不好意思，可是看得出他心里很开心。老师给全班同学读了这篇文章，同时又表扬了他。

请你运用现代教育理论评析该教师的行为。

| 幼儿园 | 小 学 | **初 中** | 高 中 |

教育篇

分析

　　对于成长困难的学生，班主任通常都会进行苦口婆心的劝说，可是起到的作用往往不大。其实，当这些成长困难生听多了批评后，会更多渴望得到老师的表扬。教师要善于挖掘他们身上的闪光点，并以此作为契机，用鼓励和表扬促使他们进步。

判断

　　案例中教师的做法是正确的，教师抓住了学生渴望被表扬的心理，把批评转变成了表扬，帮助学生树立学习的信心，促进了他的转变和进步。

观点

　　班级管理工作需要教师有更多的耐心和爱心，一味的批评和训斥不能起到作用。教师要抓住学生渴望成功的心理，善于发现每一个学生的优点，并有意识地放大他们的优点，慢慢地，他们的缺点也会逐渐改正。学会表扬，是成功教育的一把金钥匙。

阐述

　　习惯的养成一般是在小学阶段，进入初中后再抓习惯相对比较困难，这也是班主任要重点关注的工作。改变学生身上这样那样的坏习惯是一场持久战，需要教师有更多耐心，做到谆谆诱导。
　　帮助成长困难生养成良好的学习和生活习惯，不是一朝一夕能实现的，并且中间肯定还有反复，教师要树立信念，对他们有信心，对自己坚持的事业有恒心。
　　初中生处于人生观和世界观形成的阶段，在似懂非懂的年龄，给予他们积极向上的鼓励，或许比一味地批评来得更为有效。当他们看到自己的优点和进步时，会增强信心，这时教师再抓住时机，乘胜追击，便能慢慢扭转局面。
　　教育是心与心的交流，教师走进学生的心底，学生才能感受到老师的关爱，才能提高班级工作的有效性。

（上海音乐学院实验学校提供）

3. 当作文不够"阳光"

一位同学曾在作文中详写了如下内容：他年幼时喜欢和伙伴们去树林里玩耍，有一次曾经捕杀过鸟类。

老师批改作文时不禁皱起了眉头。他觉得初中生应具备一定的是非判断能力，知道捕杀鸟类这种伤害动物的行为是应当禁止的。

于是老师在作文评讲时朗读了这个片段，把它作为反面例子来告诫全班同学：应当爱护动物，学生作文也应是正面阳光的。其间，老师还特意朝这名同学瞪了几眼。

课后，这名同学向老师哭诉。原来，他曾经捕过鸟，但是后来放生了。他是在一本小说中看过捕杀鸟类的片段，很喜欢作者生动的语言，便想学习模仿，于是将真实的事件虚构化了。

你认为案例中教师的做法合理吗？

分析

学生热爱写作，乐于模仿好的语言，这一值得肯定的地方被教师忽略了。教师特意朝这位同学多瞪几眼的举动，在全班同学中起到了明显的暗示作用，导致学生的"哭诉"，造成了矛盾。

判断

案例中教师的做法显然是错误的，他在没有了解情况的前提下批评了学生，同时他没有意识到自己的心理暗示行为会导致学生哭诉的后果。

观点

初中生正处在自我意识飞速发展的时期，他们开始关注自我的形象，思考有关"自我"的问题，非常在乎同学、老师对自己的评价。教师当众的变相批评，伤害了学生的自尊心。

幼儿园　　　小　学　　　**初　中**　　　高　中
教育篇

> **阐述**

案例中的教师犯了以下错误。

第一，没有肯定学生好的方面。案例中的学生对写作抱有极大兴趣，他喜爱阅读，能够在阅读中发现动人的文字。同时，他能够把这些动人的文字运用到自己的作文中。实际上，他是将自己的生活经历与书中的世界相结合，进行了一次仿写。初学绘画要临摹名作，初学书法要临摹古帖，当一个孩子初学写作之时，模仿、借鉴他所喜爱的文字，是把书本当老师了，这是值得鼓励的事情。

第二，没有事先了解情况。在发现问题时，教师应先与学生沟通，了解情况。了解后，教师会发现，实际上那名同学并没有做出过伤害动物的行为。若教师想把这段文字作为一个反面例子，也应先征得这名同学的同意，做到对事不对人。

第三，变相的批评伤害了学生的自尊心。教师当众把那篇作文作为反面例子以及明显的瞪眼行为都会伤害学生的自尊心。这可能会直接打击孩子写作的积极性，甚至影响他今后学习与生活的其他方面。若这名学生的心理承受能力较弱，这无外乎是一次"当众受辱"，叫他该如何自处。

教师在教育学生的过程中，若不注意方式方法，极有可能产生负面影响。不能因为他们是"孩子"，就使用单一直接的方法，教师只有关注到他们的方方面面，选择恰当的方式，才能真正帮助他们进步与成长。

（上海市青浦区实验中学提供）

4. 罚抄十遍

今天的单词听写成绩，把陈老师气得够呛。她一边批阅一边说："这群孩子真是太不省心了，昨天布置了一个单元的单词背诵，说好今天要测试的，还是有这么多人不通过。"

课间时分，陈老师面色阴沉地走进教室，一边分发听写本一边宣布："凡是出错的同学，将整个单元的单词罚抄十遍！"

同学们哄然，纷纷表达不满：

"老师,十遍太多了!"

"老师,我只错了一个单词,也要抄十遍吗?!"

陈老师不为所动,坚持执行惩罚措施,同学们只好乖乖去罚抄。

请评析案例中陈老师的教育行为。

 分析

陈老师过分地惩罚了听写不过关的学生,引起学生的不满。

判断

案例中陈老师的惩罚措施显然有点过了,她的问题主要是没有尊重学生的记忆规律。

观点

学生的记忆是有规律可循的,罚抄次数过多不但不能使学生有效记忆,反而会引起学生消极对待。只有尊重学生的记忆规律,尊重学生作为生命体健康发展的规律,才会取得好的教育教学效果。

阐述

陈老师的这种做法是违背记忆规律的,也是行之无效的。学生识记的效果与知识材料的性质以及数量有关,在一定时间内不宜识记过多内容,否则会引起学生过度疲劳,影响记忆效果。

这种"错一个罚抄十遍"的做法容易使学生丧失学习兴趣和记忆的信心,使学生更加缺乏学习的主动性,甚至会进一步造成学生的学习障碍,严重的还会引起学生与教师的冲突,让学生更加消极地对待学习。

明确错误的原因才好对症下药,陈老师不妨针对每个同学在听写中出现的不同错误给予单独指导,让学生独立背诵之后自默一遍即可。

专家点评

缺乏必要的听写指导，只是一味地以惩罚来实现教学要求，这个教师的行为有点荒唐。教师要对学生听写效果不佳的原因进行分析。

音形不一、发音相近、字母相近的单词容易造成思维混乱和拼写错误，直拼思维也容易形成思维定式，这些都需要教师辅导学生学习，加强辨析。若是学生学习态度不端正、检查习惯没养成、复习不到位等，也需要教师对症下药，不能企图只用一种方法解决。

（上海市罗星中学提供）

5. 养乐多罐子里的鱼

这天放学，班里一名女生在前面的垃圾袋里翻找着什么，班主任老师在旁边一脸疑惑："你在找什么？"

"一个养乐多的罐子。"她头也不抬，仍在着急地寻找着。

"为什么要找那罐子？"老师仍然迷惑不解。

"罐子里有一条坚强的小鱼，独自活过了无人照看的寒假，原本是养在那盆水培植物里的，可现在那盆植物已经腐烂了，我就把鱼移到养乐多的罐子里了。可罐子不见了！"孩子急呼呼地说出来龙去脉。老师了解后，帮助孩子一起寻找，终于在后面的垃圾桶里找到了养乐多罐子，小鱼还在里面欢快地游来游去。孩子开心地抱住了老师。

请你运用现代教育理论评析该教师的行为。

 分析

失踪的罐子正是失踪的小鱼，在大人眼中这可能是渺小到可以忽略的东西，但在孩子的眼中却是值得在垃圾袋中去翻找的珍宝。这位教师与孩子一同寻找，没有嘲笑，没有不屑，最终教师也得到了孩子的认可。

判断

案例中教师的做法是正确的,教师的关键在于建立了正确的学生观。

观点

学生是独特的人,这意味着教师必须尊重学生并深入学生独特的内在世界,关注学生内心的奥秘,真正地把学生当"学生",尊重学生的生活经验和独特体验,充分关注每一个学生身上蕴藏着的丰富而独特的发展"资源"。教师要将教育由以往单纯的"塑造""改变"和"授予"转变为对学生潜能和灵性的"激活"与"唤醒",从而实现学生全面人格、自由个性、生命活力以及主体性、创造性的真正"解放"。

阐述

学生是独特的人,有着生动的、独特的、成长价值不同于成人的生活和内在世界,一条小鱼对学生来说可能是一位极为重要的朋友,这位教师并未嘲笑与不屑,而是帮助学生一起寻找,即便最后未找到,这个学生也未必会那么难过。幸运的是,小鱼最终找到了。这位教师理解并尊重学生独特的精神生活、内在感受以及不同于成人的观察、思考和解决问题的方式,肯定了具有纯真情趣和生命活力的学生世界的价值。

在教育的过程中,教师要敢于打破"师道尊严"的传统观念,不再强调"学生必须服从教师",要坚持把自己放在与学生平等的地位,建立一种民主平等的师生关系。

在教育教学过程中,教师要善于和学生交朋友,以平等的朋友身份培养学生的主体意识。在帮助学生寻找小鱼的过程中,学生认可了老师,今后也会在民主的氛围中自觉自愿、乐此不疲地参与教育过程,形成良性发展。

 专家点评

这个案例满满都是教师对学生的尊重,对生命的尊重!

(上海市七宝中学提供)

初 中
管理篇

要管理好一个班级,需要有一位尽责又有智慧的班主任。班级情况总是纷繁复杂,半大不小的初中生,看上去懂事了很多,但是两分钟预备铃响后还在吵闹、上课要去厕所、向同学炫富、不合群等问题时有发生,他们并不让人省心。传统说教的方式已经不适合他们,作为教师需要更多的智慧去应对。

1. 两分钟预备铃

预备铃响了，老师怀着愉快的心情走入教室，映入眼帘的是一片不怎么整齐的景象：小 A、小 B、小 C 等几名同学还没进入教室，教室里还有同学在找书、小声交谈，仿佛忘记了前几天强调的要求。过了一分钟，小 A 拿着水杯匆匆忙忙赶回教室。正式铃响起，小 B 和小 C 喊着"报告"拿着本子快步走入教室。教室里有些学生的目光被他们"吸引"了，等小 B、小 C 找完上课需要的用具，已经过去了将近两分钟。因此，老师耐心询问了他们晚进教室的原因并进行了批评教导。

同时，老师又利用一部分课堂时间，请同学们讨论两分钟预备铃的重要性以及在这两分钟内的正确行为和错误行为对课堂和每位学生的影响。对表现好的学生进行表扬，也请所有学生在这两分钟内共同监督。

请你对该案例进行评析。

分析

两分钟预备铃是好的课堂纪律和教育质量的保障。在课堂教学中，两分钟预备铃是否准备充分也是本节课的重要组成部分之一。所以，为了以更饱满的精神迎接下一节课，在两分钟预备铃时，教师可以引导学生问自己："我准备好了吗？"

判断

案例中虽然有个别学生没有遵守班级制定的课前两分钟的要求，但是大部分学生都能坐在自己的座位上并准备好学习用具，其中也有几个学生做得特别好。教师强调两分钟预备铃的重要性，将批评和表扬相结合，根据实际情况引导学生思考两分钟预备铃的作用，实行互相监督和评价的新方法，意在慢慢改善两分钟预备铃的纪律。

观点

（1）要学会批评他人，也要学会自我批评。

幼儿园　小　学　**初　中**　高　中

管理篇

（2）以肯定性评价为主的激励性评价原则来评价学生的错误。
（3）在讨论、实践和完善中共同制定两分钟预备铃的要求。

 **阐述**

教师可以请学生自行拟定两分钟预备铃的要求，并以各自的标准进行互相监督。学生除了做好自己的准备之外，还要关注其他同学在做什么，并利用休息的时间对关注到的同学提出批评和建议。在互相监督及批评的过程中，有些学生会发现自己的标准有不足之处，有些学生在监督他人的时候自己也会违反纪律。教师应引导学生进行自我监督，每节课前想想自己改善的标准，并问自己："这两分钟的时间，我在做什么？我准备好了吗？"

预备班学生的行为习惯具有反复性，也有个别学生的自觉性不够好，总会有那么几个学生表现得不尽如人意，使整个班级的两分钟准备工作达不到最佳。教师可以尝试着不用批评的方式，而改用肯定性评价的方式激励学生。

小事勿忽！班级管理的关键其实就是抓住常规管理中的小事，在小事的管理中，实现对学生学习行为的规范。找到小事发生的原因，在归因的基础上进行教育，往往可能会有意想不到的效果。同时教师也要认识到，任何好习惯的养成都是一个循序渐进的过程。

（上海市宝山区淞谊中学提供）

2. 上课要去卫生间

下午第一节课上课没多久，一个平时调皮的学生举手说："老师，我要去洗手间。"老师只好停止讲课，说道："刚上课就要去卫生间？不允许。"那个学生有点尴尬，只好作罢。

几分钟后，那个学生又举手要求去卫生间。老师有点不悦："怎么了？"学生回答："肚子痛。"老师说："那应该去卫生室。"那个学生不好意思地说："中午学校的饭菜太喜欢，吃得有点多，现在肚子很胀。"老师只好让他去了。

学生回教室坐定后，老师说："以后吃饭可要悠着点哦。看，吃多了，自己不舒服，还影响同学们上课。"那个学生脸红红的，没说话。

请运用现代教育理论评析该教师的行为。

🎯 分析

学生该不该上卫生间并不是该案例的关键所在,在面对这件事情时教师的反应和处理方式能不能充分意识到学生是一个正处在发展过程中的人才是要点所在。案例中存在一个较为明显的矛盾点,那就是学生需要解决的实际情况和上课秩序被屡次破坏之间发生了冲突。

📝 判断

案例中教师的做法欠妥,教师把上课放在了第一位,对课堂教学遭到干扰心怀不悦,没有充分意识到学生是一个正处在发展过程中的人。

🔘 观点

教师应该学会用发展的眼光看待学生,一个学生可能会犯错,会做出意想不到的事情影响他人,但这也正是引导学生发现自身不足、修正自我并获得成长的机会。

💬 阐述

对于正处在发展成长阶段的学生而言,他们的成长点不仅仅是获得知识,还包括身心发展、社会交际、修正自我等。从"尴尬""不好意思"中可以看出这虽然是一个向来"调皮"的孩子,但他的确处于一种窘困的状态,且清楚自己的行为对课堂秩序造成了一定影响。教师如果此时帮助其解困并适时引导,将是一个该学生修正自我、获得进步的良好契机。

课堂教学的正常秩序被打乱,教师心情不悦可以理解,但作为一名教育者,在教育过程中应发挥主导作用,着眼于学生的全面发展,而不仅仅是课堂学习。

面对平时比较调皮的学生,需要捕捉一个良好的教育时机才能获得良好的引导效果。在案例中,教师没有充分意识到这一点,对学生的要求第一反应是怀疑和拒绝,事后又予以随意批评,处理上显得有些草率和仓促。

面对学生课上的要求,教师可以简要询问情况后让学生及时解决自身的问题，并告知他再回教室时尽量轻手轻脚不要打扰老师和同学们上课。下课后，可以就此事和该同学单独聊聊如何合理饮食、如何避免此类情况再次发生等话题。当学生真正感受到来自教师的真诚关心、包容和引导时，即使"一向调皮"也会从内心里反观自我并努力做出修正，这才是教育的真谛。

（上海市黄浦区教育学院附属中山学校提供）

3. 炫富

班级里的"富二代"小周又惹祸了。

这个盛气凌人的学生，除了不得不穿的校服，周身的名牌老师都叫不出名字。今天，他又因为嘚瑟脚上的一双限量版运动鞋，跟同学杠上了。他把脚翘上了书桌，请同学猜这双运动鞋是什么新品，答对了有奖。同桌一把扫去他的脚，大声讽刺："你除了钱什么都没有，学习不好还没修养，你看班级里有几个人看得起你！"

小周恼羞成怒，大喝："怎么样，有本事你也买一双试试！"

"靠父母炫富算什么本事？"同桌说，"何况你父母给钱不过是弥补你罢了。你爸妈为你开过家长会吗？"

这句话戳中了小周。他大怒，站起来飞身扑向了同桌……

班主任老师严厉地批评了小周，勒令他写检查，并禁止再穿名牌衣物进教室。

请你运用现代教育理论评析该班主任老师的做法。

分析

找到小周炫富的心理根源才能帮助小周解决苦恼。

判断

案例中教师的做法相当草率，属于"治标不治本"的行为。

观点

行为问题往往是由内心缺失导致的，如果心灵上的问题不根治，一个行为问题被压下去，另一个行为问题又会出现。

阐述

教师有以下几种方法可以尝试。

（1）对小周进行心理疏导。

倾听小周真实的心理需求，找到他炫富的根源，师生共同努力探索更好的表达方法。

（2）发挥集体的力量。

在集体活动中，特别安排能展示小周优势和长处的环节，让同学们发现他身上的闪光点。这样既能激发班级同学互助和分享的意识，增进同学间的情谊，又能帮助小周在"炫富"之外找到自己被别人喜爱和接纳的理由。

（3）帮助学生树立合理的消费观念。

共同探讨如何将钱花在比较有意义的事情上。比如，可以用这些钱买一些书报或者去旅游来开阔视野，在重阳节时为长辈买一些礼物，在献爱心义卖时贡献出自己的一分力量。这些方式不仅能让零花钱花得有意义，更能培养学生的优良品质。

苏霍姆林斯基曾经说过："教育者应当深刻了解正在成长的人的心灵……只有在自己整个教育生涯中不断地研究学生的心理，加深自己的心理学知识，才能够成为教育工作的真正的能手。"如果孩子是一棵小树，不能粗暴地剪掉他们身上枯黄的"问题树叶"，而要真正进入孩子的内心，从根源呵护孩子的成长。

（上海市尚文中学提供）

4. 丢三落四的小杰

班里有位叫小杰的同学老是丢三落四，经常忘带学习用品或作业。这不，今天的作业又忘带了。

幼儿园　小　学　**初　中**　高　中

管理篇

　　班主任王老师没有发火，而是安排他负责收发这一个星期的学科作业。工作第一天，小杰面对有的同学忘带、有的同学忘做的情况，花了很大力气才收齐作业，统计好情况报告给老师。对于忘带作业的同学，他甚至有点不满意了。王老师就适时地说："你体会到同学忘带作业给课代表造成的麻烦和给老师的工作带来的影响了吧。"

　　小杰同学认真地做了一周收作业的工作。王老师在全班同学面前称赞他："小杰是咱班最辛苦的课代表。"

　　在同学们的笑声中，小杰也笑了。此后，小杰丢三落四的毛病还真的改掉了。

　　请分析案例中教师的做法。

分析

　　其一，这事没有严重到对学生进行"脸红脖子粗"式的严厉批评的程度。其二，让学生亲身体会到自己的错误行为给别人带来的痛苦和麻烦，他改正的动力就会比较强。

判断

　　案例中的教师采取人性化的方式来处理学生犯的一些小错，这个做法行之有效。这种换位体验的处理方式容易让学生接受并改正。

观点

　　教师要遵循学生的身心发展规律和教育规律，培养学生的学习习惯和是非观，要尊重学生，让学生提高自我约束、自我管理的能力。创设一定的情景让学生换位体验，可以让学生在情景体验中认识到错误，及时加以改正。

阐述

　　学生学习习惯的养成和是非观的建立是逐步的，不可能一蹴而就。学生屡次犯一些"无关紧要"的"小错"，是因为他们对这些问题不以为意。对于类似迟到、未交作业等情况，如果不是一贯如此或者情节严重，一般可用"化绵神掌"解决，即教师采取学生乐于接受的"改造"措施，使其有所收获，取得成效。

教师尊重学生的认知规律和心理特点，用学生能够接受的方式对他略施"惩戒"，让学生在自我教育的过程中明白自己所犯的错误，这会比教师苦口婆心的空洞说教和严厉批评有效得多。

教师以学生的视角和心理来看待错误，站在学生的角度思考对策，能有效地获得学生的认可，保护学生的自尊，促进学生的健康成长。

（上海市彭浦初级中学提供）

5. 包容的界限

小D患有先天性眼疾，看东西有障碍，正常试卷上的文字需放大几倍才能看清。了解到这一情况后，学校允许小D将每次考试的试卷拿去文印室放大打印。时间久了，小D认为自己拥有在文印室随意打印的特权，常常带其他同学到文印室打印许多私人文件，扰乱了文印室的正常工作。

一天，班长将这一情况报告给了班主任。班主任对班长说："小D是特殊学生，我们应给予她更多的帮助和包容，这件事情就这样吧。"

请你用现代教育理论评析该教师的行为。

分析

对身体有障碍的特殊学生是否应给予超出原则的特殊待遇，是班主任处理这一问题的关键。

判断

案例中班主任的做法关注到了身体有障碍学生的特殊性，从关爱学生的角度出发，保护了学生的身体健康。但班主任的做法忽略了对特殊学生的心理引导，没有及时帮助学生树立起正确的世界观和人生观，不利于学生道德人格的培养。

幼儿园　小　学　**初　中**　高　中

管理篇

观点

作为一名教师，不仅要传授知识，保障学生的身体健康，更要对学生进行思想品德教育，保证学生的心理健康，塑造其良好的人格。

阐述

孩子在成长过程中，身心和性格的发展都具有很大的不确定性，极易受到外界环境的影响。家长、老师的行为往往能直接左右孩子的性格走向。

对于身心有障碍的特殊学生，教师一方面应给予他们更多的关心和照顾，让他们能够健康成长；另一方面，教师又应做到"一视同仁"，对他们进行与其他同学相同的道德教育，培养他们遵守规则的意识，使他们知荣辱、懂礼仪，具有优良的道德品行。

班主任面对小D乱用"特权"的行为，应及时与小D进行沟通，将学校对她的关爱传递给她，并告诉她应如何"利用"这份关爱，鼓励小D通过自己的勤奋努力来回报学校和老师，同时要指出小D做法的不当之处，引导她改正自己存在的问题。

（上海市莘光学校提供）

6. "特殊的礼物"

一次公开课过后，老师把课堂上用过的精美卡片作为奖励发给同学们，然后对他们在课堂上的踊跃表现给予了表扬。从这以后，老师发现班里注意力不集中的宋同学在课堂上的听课状态有了明显的好转。一个偶然的机会，他母亲说："自从老师给了他那个'特殊的奖励'后，他对自己的要求严格了。"

询问后，老师才知道，当时奖励给同学们的卡片中仅有一张是最大的，在按顺序发的时候，恰好这张被宋同学得到了。他回家后对母亲说："老师可能觉得我这节课表现最好，所以把最大的一张送给我。"现在这张卡片还贴在他的床头，谁都不准碰，他说那是"特殊的礼物"。老师一个无意中的举动，却带来了一个"美丽的误会"。

请你就此案例谈谈你的看法。

分析

奖励什么不是学生转变的源头,让学生感受到老师对他的关爱,从而激发他学习的热情,才是重点。

判断

案例中教师的做法,无意中造成了"美丽的误会",成了学生前进的动力。

观点

学生是学习的主体,是学习的主人。只有尊重学生,关注学生的个体差异,关爱学生,走进学生的心灵,才能促进学生的身心发展。

阐述

一个肯定的目光,一句激励的话语,一次赞美的微笑,都会为孩子的生命注入无穷的动力,甚至为他的一生奠基。一次"美丽的误会",改变了孩子的学习态度,这份"特殊的礼物"在孩子的美好心灵里是一份至高的荣誉,这份荣誉也将一直激励着他,成为他前进的动力。

新课标中强调对学生评价方式的转变,这种新的评价倾注了更多的情感与人文色彩,这样一种发自内心的评价更容易被学生接受。

(上海市同洲模范学校提供)

7. 偶像效应

一次,班级的英语任课老师气冲冲地跑到我面前告状。原因是班级中几个成绩不错的孩子,在这节英语课上"太疯狂",使英语课堂乱哄哄的,班级纪律

管理篇

出现了严重的问题。当这位老师把名字一一报给我听的时候，作为班主任的我简直傻了眼。班长、学习委员、英语课代表、宣传委员等都是我的"得意门生"啊，清一色都是成绩出众，表现出色的女同学。

了解原因后，我才知道，原来这位老师在课堂上引用了她们的"爱豆"（偶像）作为教学题材，孩子们面对自己的偶像时出现了反常态的举动，并且引得班级其他的捣蛋鬼们瞎起哄，才导致最后的结果。

请就此案例谈谈你的看法。

分析

当今社会，偶像的效应在青少年的生活中起着举足轻重的作用，而作为老师和家长的我们往往会指责多于指导。我们应该明白，究其原因是青少年的心理成长规律所致。

判断

对于学生追星的问题，教师不可以"一棍子打死"。十二三岁的青少年正处于成长的迷茫期，是独立性与依赖性、自觉性与幼稚性并存且交替出现的阶段。偶像是他们心中期望的"榜样"。

观点

按照青少年心理发展的规律，这种"追星"属于正常现象。教师不能简单粗暴地排斥，因为这会使学生产生逆反心理。

阐述

对待青少年的追星现象，教师应采取宽容、参与和讨论的做法，应该与他们敞开心扉、畅所欲言。在讨论、探索、思考、感悟的过程中，让孩子们懂得偶像在他们生活中应起到的作用。

本案例中的学生都是平时表现良好的孩子，教师应该让她们知道也许她们正是别人心目中的"学习偶像"，自己的一言一行在班级中都起到表率作用，就如同她们自己的"偶像"一样。

（上海市嘉定区疁城实验学校提供）

8. "那种书"

午休时间，校园一片安静……

班长突然跑进办公室，"老师，老师，A和C昨天看'那种书'了，现在还在教室里大肆乱说，教室里一团乱，我们班干部都管不了……"

班主任急忙奔向教室，A和C眉飞色舞地讲着，男同学有的在起哄，有的在窃笑，女同学有的在看热闹，有的则害羞地捂着耳朵。

"A，C，小小年纪就说这么流氓的话！叫你们家长来学校。"班主任大喝一声，"还有其他同学，你们表面天真活泼，内心却是不健康的，都到我办公室来！"

请你运用现代教育理论评析该教师的教育行为。

分析

案例中的A和C在教室公然谈论"那种"话题，制造了班级纪律的混乱，实际上是一个青春期性教育的问题，且是群体性的青春期性教育问题。

判断

案例中班主任的做法是不正确的，因为她自己没有正确的性教育观，也没有对学生在成长过程中出现的青春期问题进行正确的教育。

观点

大多数初中学生对于自身在青春期出现的各种生理变化和心理现象的认知还处于懵懂状态，因此有必要在这个群体中开展相关科学知识的普及和教育。

阐述

初中生处于青春期的起始阶段，对于性知识他们既带着一种神秘感、好奇心，又怀有一种自责感、罪恶感，因此会出现或羞于谈论这样的话题或是在谈论时有失分寸的现象。教师需要使学生了解人的性心理发生和发展的一般规律，引导学生以坦然、健康的心理来面对，努力规范自己的言行举止。

管理篇

教育过程中遇到此类问题时，教师首先要树立正确的教育观，不能忌讳，避而不谈，不能冠以"不健康"的罪名"一棍子打死"，也不能涉及太深，过早"催熟"。

科学的青春期性教育方式方法多种多样。可以分年段、分性别、分小团队教育，可以邀请任课教师、家长配合参与教育，可以利用班会开展相关讲座，可以在班级里设立青春期信箱、建立微信咨询群等。

（上海市嘉定区疁城实验学校提供）

9. 肥胖

老师在课堂上讲授关于健康的知识，说道："肥胖往往会伴随着其他的生活方式病，所以为了健康，我们要适当锻炼身体，控制体重。"然后就听到有些同学对班级里相对比较肥胖的一个女生指指点点。

老师生气地说道："我在讲授知识，请你们不要针对某一个人，假如你们再拿同学开玩笑的话，这节课我就不讲了。"然而，学生并没有因为老师的呵斥而停止对该同学的嘲笑，过了一会儿他们又开始议论起来。

老师一怒之下，将课本扔在桌子上，说道："全班同学上自习。"

请你运用现代教育理论评析该教师的行为。

分析

本案例中师生之间的主要矛盾根源在于教师对学生的不正当言论的处理方式。

判断

案例中教师的做法是错误的。对于学生出言不逊的问题，教师应该给予正确的引导，而不只是打压、封口。

观点

学生是学习的主体,是学习的主人。每个人都有自己的想法和观点,只有尊重学生,关注每一个学生的发展,保护学生的学习热情,才能促进学生的身心发展。

阐述

首先,学生对教师教授的"肥胖"知识进行讨论,说明学生在认真听课并意识到周围有些同学体重超重,且这样有可能影响健康,这一点是值得表扬的。

其次,要给予学生正确的引导。"每个人都有自己的优点,这位超重的同学绘画好是大家公认的,并且她有责任心,这些都是她的优点。老师相信,经过一段时间的锻炼她会瘦下来,会更加健康的。"教师用真诚恳切的语气来说会得到同学们的认可。

(上海市蒙山中学提供)

10. "骂人"的号子

事件发生在初二(3)班的一节体育课上,这节课以耐力跑为内容,四个小组分站在四条跑道上,口令响起,学生起跑。

行进中有一组学生跑动的步伐惊人的一致,同时有着模糊的喊声传来,仔细一听,我顿时傻眼,"李——鸭——蛋——大——傻——蛋……",此时的小李同学正低着头,一脸憋屈地跟在队伍最后面。

原来他们是靠着这"骂人"的号子在跑步啊,怪不得步伐如此协调一致。我顿时恍然,立刻如离弦之箭追了上去,跟在队伍之旁,猛然计上心来,叫道:"现在开始,每跑一圈换一个人的名字,开始!"我停了下来,一圈,又一圈,队伍里没了声音,看着他们的表情,我知道他们已经意识到了自己行为的不妥。时机成熟,下一圈我又跟了上去,说道:"换你们自己都不愿意了,下面跟着我,李——某——某——加——把——劲……左、右、左。"喊声响起,最后面的小李同学也在此时抬起了头,一脸的欣喜。

请你运用现代教育理论评析该教师的行为。

分析

学生以"低俗"的号子作为跑步中的调剂,这是初中生的性格使然,不能完全说是学生刻意为之,因为他们突发奇想喊"号子"时,更多是觉得"好玩",对其所产生的后果并没有过多考虑。

判断

教师的行为很有针对性。作为教师必然能够分辨是非,知晓其所产生的不良影响。案例中教师利用一点措施——"现在开始,每跑一圈换一个人的名字",让学生从自身的角度思考,意识到所做事情的不对之处,继而内省并改正,学会对他人的尊重。

观点

学生的玩笑往往会无尺度,但这些却常常是德育的契机,教师适时地抓住并利用,是开展教育、提升教育效果的关键。

阐述

课堂教学是德育的重要阵地,善用教学契机是践行德育的重要方式。要"立德树人",教师就必须勤于观察、善于观察,并采用合适的措施及时进行有针对性的、有对比性的教育,同时更要给予学生自省的时间。正如案例中所描述的,提出要求——"现在开始,每跑一圈换一个人的名字",然后给予几圈的时间。这是学生自省的过程,有思考才能有认识,也才能有进步。

总体而言,作为教师一定要善于抓住教学契机,落实教学策略,从而展现德育价值。

(上海市辽阳中学提供)

初中
沟通篇

　　半大不小的初中生，内向的、调皮的、叛逆的……个性千差万别，他们在逐渐长大的过程中，可能会犯这样那样的错误。大人们如果只是主观判断，不问青红皂白就一顿猛批，很容易引发矛盾和对抗。每当孩子与家长、老师发生摩擦时，沟通的艺术就充分体现出来了。

幼儿园　　小　学　　**初　中**　　高　中

沟通篇

1. 跑步急停

一群学生在跑道上努力奔跑，跑道边上还有很多孩子大声地喊道："加油！加油！"老师大声鼓励"加油，最后一圈啦！"显然这是一次耐力跑的测验。这时，带头的同学突然急刹车，导致前几位同学相互挤撞在一起，差一点发生意外伤害，同学们最后冲刺的速度明显慢下来，影响了好几个学生的测验成绩。

老师发现情况不对迅速上前，大声呵斥那位同学："你干什么呀，跑得好好的，急停干嘛，害人呀！"

"你懂不懂测验要求，有没有安全意识……"一连串的质问，让那位同学无地自容，眼泪夺眶而出，老师训完他之后又匆匆地去登记成绩了。

他没有申辩，只是眼中充满了委屈，在老师没注意的情况下，一瘸一拐地走向操场边上的卫生室。

请运用现代教育理论评析该教师的行为。

分析

是什么原因导致学生停下？教师的指责是否合理？教师没有听取学生的解释，武断责备，妄下结论，这种简单粗暴的处理方式不利于师生关系的发展。

判断

案例中教师的做法显然是错误的，教师的问题在于没有和学生进行正常的沟通，没有了解事实的真相。

观点

学生是课堂学习的主体，学生在课堂上的突发状况是教师需要特别关注的重点。教师要善于观察、善于沟通，只有真正了解学生才能更好地教育学生。

阐述

体育教学中处置突发事件需要一定的技巧。教师应了解事件的来龙去脉，了解学生受伤但坚持完成测试,这是一种坚强意志的体现,应大力宣扬这种品质。这正是德育教育和体育教学的完美融合。

学生在学习和锻炼过程中难免会遇到挫折和困难,如何引导学生战胜挫折和困难是教师进行教育的关键。教师应仔细观察、主动沟通,善于引导学生科学认识挫折,努力面对困难,积极战胜挫折。

在这个突发事件发生时,教师可以细心倾听学生的述说(该生为了提高班级同学的长跑成绩,主动领跑,积极加速,导致弯道加速时扭伤踝关节),及时告知学生正确处理突发事件的方法(脚踝受伤的正确处理),与学生一同面对挫折和困难,给学生以最大的支持……

(上海市黄浦区格致初级中学提供)

2. "高危"职业

2016年5月4日,青岛市南村中学一位任课老师,因为没收学生的小说,被学生用木棍殴打,导致膝盖半月板破裂,住院治疗……

2017年3月7日晚,邵原镇实验小学聂怀和老师被学生家长捅了一剪刀,抢救无效死亡。事件起因疑似是家长认为教师殴打了自己的孩子,遂在醉酒状态下实施报复。

不知从何时起,教师成了"高危"职业,一句话说错,一个举动做错,后果可能不堪设想。教师还应该继续寻求"一日为师,终身为父""尊师重道"的理想吗?

结合以上案例,谈谈你对教师言行和教师自我保护的认识。

分析

对于教育而言,教师没有任何武器,唯独有一颗赤诚的心,但是这颗教书育人的心有时往往不被懂得和珍惜。教师批评教育学生是希望学生好好做人、好好学习,但是由于方式和言语的问题,时常会遭到学生和家长的偏激性质疑。

幼儿园　　　小　学　　　**初　中**　　　高　中

沟通篇

 判断

更为严重的是，这种教育恐慌的心态很可能会蔓延到每一位一线教师的心中。如果教师不再去批评学生，听之任之，那么教育的意义更无从谈起。教师要注意自己批评学生的言辞和对学生的惩罚行为，并且建立自我保护意识，学会用法律武器保护自身权益。

 观点

在暴力事件的背后，我们听到了教师对自身权益保障的呼声。近年来发生的多起侮辱、殴打教师的事件中，教师明显处于弱势地位，政府应该切实落实法律规定中教师享有的福利待遇和合法权益。教师要转变批评教育学生的方式和方法，做到以情动人、以理服人，同时要增强自我保护意识。

阐述

在弘扬师德的同时，也要宣传、鼓励对教师合法权益的保障。学校、家庭和社会三者，共同承担着教育孩子的责任。在现实生活中，学校的安全管理会出现缺位、合作意识薄弱等问题。对于学校而言，要积极开展相应的心理健康讲座，让学生明白欺凌的恶劣性质，可以通过竞技类体育项目，将其负面情绪合理宣泄。

此外，家庭也应该承担起相应的责任，在孩子表现出暴力迹象时，父母应该及时制止，引导孩子学会把控愤怒的情绪，避免"以暴制暴"。

教师要学会保护自己的人身权，遇到"垃圾人"要主动远离。所谓"垃圾人"是指身上充满了戾气、愤怒、嫉妒、仇恨和抱怨等负面情绪的人，对于一些蛮不讲理、蔑视老师、蔑视教育的家长，如果努力沟通仍然争取不到理解应该及时终止。

教师要拿起法律的武器，做一个会保护自己的人。同时，教师在批评学生时，要注重方式方法，不可辱骂、殴打学生，要循循善诱、主动沟通。

（上海市朱家角中学提供）

3. 多给她亮相的机会

小A是一个十分内向的学生，上课时从不主动要求回答问题，老师注意到每次上课提问时，小A的眼睛总是注视着老师，但当老师回望她的时候她一定会把目光移开，偶尔老师主动请她和大家分享她的想法时，她又总是能给出令人很惊喜的答案。发现这个现象之后，老师便在每次上课时刻意注意小A的反应，尽量多给小A回答问题的机会，在她给出不错答案的时候及时在全班面前表扬小A，并且报以鼓励的掌声。

请问你认可该教师的做法吗？

分析

小A虽然性格内向，但是当有提问时她的眼光会追随老师，说明她内心里其实很有自己的想法，并且有表达的愿望，只是她一向内向，不善于表达，才使她对在大众面前展现自己的想法有些恐惧和抵触。这种恐惧造成的不愿表达和内心深处渴望表达的意愿会使她内心十分纠结，这个时候教师一定要能敏感地发现并且给予充分的引导。

判断

案例中教师的做法很值得认可，她很快就发现了一个内向学生纠结的反应，说明她很细心，善于在日常教学中发现个别学生的个性化问题，并且在发现问题之后也能及时尽力解决。

观点

内向和外向只是性格上的差别，并没有孰好孰坏。很多内向是源自内心的不自信，如果教师发现学生有希望表达的意愿，就要借机引导，使学生渐渐对表达自我不再恐惧和抵触。

幼儿园　　小学　　初中　　高中

沟通篇

> **阐述**

小 A 可能是一个不自信的学生，但并不是一个不愿思考、没有想法的学生，她有自己的思考却不愿意主动在大众面前表达，无非是怕自己的想法不对，害怕当她表达自己的判断后会被否定或者被嘲笑导致很尴尬的结果。

教师发现这一点以后，可以主动邀请她回答问题，让她了解在大众面前表达不是什么很可怕的事情，也不会有任何人因此嘲笑她。先建立她在集体中的安全感，在她给出很好的答案以后，及时表扬，并发动全班同学一起给她鼓励，树立她的自信心，让她发现在大众面前表达非但不可怕，反而可以让大家更了解她。在这样的了解中她能更加融入集体，并且喜欢上这种自由表达的感觉。通过一段时间的引导，该学生在集体中的信心和勇气会慢慢建立。

教师可以尝试鼓励她主动要求回答问题，直面自己以往的恐惧，勇敢地迈出第一步，然后给予她赞扬。这样既保护了学生的自尊心又可以引导她放开自己，在集体中表现出真实的自我。

（华东师范大学第一附属中学提供）

4. 班级日志中的玄机

班级日志是初二（3）班班主任郁老师管理班级的好帮手。

一天早上，郁老师又和往常一样阅读昨天的班级日志，在"问题聚焦"栏目，值日班长小萌记录了这样一段文字："在数学课考试的时候，小 A 和小 B 互相传纸条，我想学习应该是自己的事情，不能靠别人的力量，即使你一次两次甚至很多次都通过作弊取得了好成绩，但是最后都不是自己的，终有一天会露出马脚。希望你们能看到我写的，以后不要再这样做了，平时多努力一点，证明自己的能力才是最重要的。"郁老师看了以后真是既生气又欣慰，生气的是前不久的一次班会课的主题就是"诚实守信"，而且平时也一直对学生进行诚信教育，欣慰的是小萌能有这样的认识。

郁老师决定要好好教育一下小 A 和小 B，于是找到小萌，先是表扬她认真负责，接着问小 A、小 B 是谁，小萌听到老师这样问有些紧张。她说："老师，我写在日志里只是希望他们看到，然后能改正自己的错误，并不是想向您打小报告。老师,我可以不说吗?我怕……""你怕什么呢?"小萌面有难色,低头不语,任凭老师再怎么问,她就是不再说话。郁老师无奈地拍拍她,算是安慰,然后走开了。

请运用现代教育理论评析该案例。

分析

小萌和郁老师都觉得对错误的事情不能视而不见,他们站在不同的角度采取了不同的处理方法:小萌站在同学的角度去暗示改进,郁老师是为"屡教不改"而气恼想进行处罚。

判断

案例中小萌的做法在这个年龄段的孩子中具有普遍性,郁老师想让学生说出小A、小B是谁的做法是不妥的,他的问题在于没有充分了解学生的心理。

观点

面对小萌的"不合作",郁老师应该欣喜而非无奈,原因主要有三个方面。
(1)小萌认真履行了值日班长的职责,反映了班级中存在的问题。
(2)小萌的班级日志不是流水账式的记录,而是对问题进行了深入分析,表达了明确的是非观,有着正确的价值导向。
(3)小萌以小A、小B代替两名犯错误同学的真实姓名,也不告诉老师,既保全了同学的自尊心,也为作弊的同学进行自我教育提供了更大的空间。

阐述

同伴关系是最被初中生看重的关系,而理解、信任和忠诚是维护同学关系的纽带。小萌如果将作弊者告诉老师,不仅会受到小A和小B的冷眼,同时还会受到全班同学的戒备,不仅会使她现在成为集体不受欢迎的人,而且很有可能还会对其社会化的过程产生非常不利的影响。作为班主任的郁老师对此要有清楚的认识。

面对这类问题,教师可以参照以下处理要点。

幼儿园　小学　**初中**　高中
沟通篇

　　首先，要善于用学生的眼光观察事物。许多时候，一名同学的立场并非仅仅是其个人看问题的视角，很有可能也是其他同学的视角，是班级的一种集体意识，是同龄人对同类事件相对普遍的共同认识。因此，教师在解决问题时可以先听取学生的意见，尊重学生的意见，站在学生的立场，以学生的视角来分析问题和解决问题。

　　其次，要正确定位班级日志的功能。应淡化班级日志作为教师帮手的功能，强化班级日志促进学生自我发展和促进班集体健康发展的功能，要把班级日志建设成班级公共生活的平台，这样教师就不会出现揪着日志中记录的问题不放的情况。

　　最后，要关注问题的后续发展。作为班主任，仍要以恰当的方式关注事情的发展。教师可以过一段时间以后再找小萌谈话，询问她的日志在班级有什么反应，是否需要老师的帮助，结果是否如她的预期，等等。这个"一段时间"既可以是事件过后的几天，也可以是几个月，甚至可能是一学期。"十年树木，百年树人"，教师切忌操之过急。

　　学校教育主要是教师帮助学生成长，但这种作用不是单向的，学生的成长进步以及学生对问题的不同思考也在教育着教师。教师要在教育工作中学会反思，要及时总结自己的教育心得，经常反省自己的教育理念及教育策略，不断调整和改进自己的教育行为，从而逐步提升教育质量，真正成为学生发展的引路人。

（上海市长宁区教育学院提供）

5. 情绪宣泄之后

　　小林同学（女生）腼腆内向，但是又斤斤计较，不愿参与班级的活动，也不愿意劳动。

　　有一天早晨，王老师发现讲台边的地上有纸屑，于是请坐在第一排的小林帮忙清扫。她默默地扫完地之后，很不满地把扫帚扔进了储物橱中，"咣当"一声巨响，把全班同学都吓了一跳。

　　这一举动使老师火冒三丈，大喝一声："你干什么？！为什么要扔东西？！"

　　小林轻轻地回答说："我没有扔东西。"

王老师继续厉声斥责："还撒谎，为什么不承认？"随即当着全班同学的面狠狠地批评了她一顿，并要约谈她的家长。

面对老师的咆哮，小林同学伤心地哭了起来。

请你运用现代教育理论评析该教师的行为。

分析

在这个案例中，小林同学不热爱劳动，不愿意为大家劳动，尽管她扫了地，但是内向的她以"扔扫帚发出噪声"的方式表达自己的强烈不满。这一举动也挑战了"班主任的威信"这一敏感线，从而引发了王老师咆哮式的责备。关键问题在于教师应该采用什么恰当的沟通方式来妥善缓解学生的不满情绪，并进行正确引导。

判断

王老师当众批评小林的做法显然是欠妥的，简单粗暴的责备并不能真正走进学生内心，问题也不能得到有效的解决。师生之间的有效沟通是开展学生个别教育的重要途径，尤其针对内向性格的学生，如何进行师生之间的沟通是一个值得研究的问题。

观点

在日常学习生活中，关注学生的心理状态，师生之间进行有效沟通，是影响教育成效的重要因素。

教师应该针对学生的个性差异采用不同的沟通教育方式。内向性格的学生，往往不太用语言来表达自己的诉求，但不意味着他们没有自己的观点和想法。相反，他们的内心有着更为强烈的反应。

面对内向性格的学生，教师应该给予更多关注，应该善于观察他们，及时发现他们的细微变化，尤其是学生心理的变化。

面对内向性格的学生，教师应该给予更多鼓励，鼓励他们勇敢表达自己的观点。

面对内向性格的学生，教师应该使用幽默的语言，用幽默和亲和力来创设舒适的沟通环境，了解他们内心真实的想法和需求。

幼儿园　　小　学　　**初　中**　　高　中

沟通篇

阐述

在这个案例中，王老师对小林同学"扔扫帚"的行为完全可以采用另一种方式进行恰当教育。

首先，借助"咣当"一声，可以表扬她："小林，谢谢你为班级服务，连扫帚都发出那么大的声音在夸你呢！来，大家把掌声送给小林同学！"

其次，可以从"爱护公物"的角度对她进行教育："小林，相信你还会继续为大家扫地，但是扫帚先生可能会有点痛啊。下次得轻轻放，可以吗？"相信小林同学在幽默的语言氛围中，更容易接受老师的教育。

最后，课后可以找小林同学单独沟通，深入了解她不喜欢劳动和不喜欢为大家服务的真正原因。

总之，简单粗暴的当众批评的做法不适合内向性格学生的个别教育。教师要关注学生心理，采用合理恰当的沟通方式，进行个别化教育。

（上海市杨浦区教育学院提供）

6. 集体活动中的孤独者

上课时，我组织学生进行小组讨论，正当大家讨论得非常热烈的时候，我发现李鸣同学默默地坐在一边，仿佛和这个环境隔离了。

我知道，因为他学习状况不是很理想，这个小组的同学又把他晾在一边了。李鸣同学一会儿抬起头看看正在兴奋地讨论着的小组成员，一会儿又低下头玩弄自己手里的笔，显然，他觉得自己的意见在这个小组中无足轻重，显得很无奈。

于是，我轻轻地走到他身后，在他身边蹲下身子，一手搭住他的肩膀和他一起聆听小组成员的发言。我不时地参与到这个小组的讨论中，每次讲完，我总是不忘转头问问他："对吗？"他每次都是睁大眼睛望着我，然后很诚恳地点点头。其他同学的讨论还在进行着，我轻轻地问他："你是怎么想的呢？"他低着头，用不太自信且断断续续的语言向我表达他的想法。

李鸣的想法其实并没有什么特别之处，但是对于我来说，一个本不喜欢思考的学生开始有自己的想法了，这本身就是一件足以令人高兴的事。等李鸣讲完，我示意这个小组的同学听听李鸣的想法，我也很认真地又听了一遍，并且不断以点头的方式表示我对他的赞同。

李鸣并不连贯的话音一落，我立即发表自己的观点："你们小组真了不起，你们热烈的讨论气氛都感染到李鸣了，今天他也勇敢地发表了自己的见解，真不容易！"

请运用现代教育理论评析该案例。

分析

初看，以为是李鸣同学成绩不理想，造成同学们对他疏远，使他变得不合群，性格上表现得比较孤僻，所以类似的集体活动他也不喜欢参加。

判断

从心理学的角度来说，李鸣是因为成绩不理想，在班级里经常有自惭形秽的情绪体验，时间一长，产生了一种自卑心理，从而造成了他在集体活动中的不自信。久而久之，他就不参加集体活动了，以此给自己的心理筑起一道防线，防止自己继续有不良的情绪体验。

观点

从心理学角度帮助李鸣逐步建立自信是让他走出自卑心理的关键，从社会学角度来说，发挥群体作用，从外部因素帮助李鸣融入群体是建立其自信心的有力保障。

阐述

从案例中看，教师充分运用了心理学知识，在帮助李鸣建立自信方面走出了实实在在的步子。首先，教师用小成功让李鸣有良好的情绪体验。在教师的介入下，李鸣得以在小组中发表自己的观点，虽然答案不是那种一鸣惊人式的，但让他有了一种全新的体验，他认为自己至少是可以融入集体的。这样的融入次数多了，李鸣的积极情绪体验就会越来越多，他就会有足够的自信加入集体的学习活动中。其次，教师用自己的行动给了李鸣一个暗示：不逃避问题，不回避失败。与很多教师的视而不见相比，案例中的教师用自己的介入帮助李鸣走出不自信的心理，这个行动本身就告诉李鸣同学，困难是要靠自己去克服的，回避不是办法。这种积极的心理暗示对李鸣的改变作用会随着教师的坚持和时间的持续越来越明显。

教师用肯定学习小组成员的方式巧妙地告诉这些孩子应该接纳李鸣同学，一个集体只有凝聚每一个人的智慧才是优秀的集体。教师这样做，从外部环境上给李鸣回归同学群体建立了一种可能性，坚持下去就会形成良好的外部保障。

（上海市松江区教育学院提供）

7. 早恋惹的祸

赵老师今天从自修教室经过，听见教室里一阵哄闹。

"哦，哦，在一起！哦，哦，在一起！"隐约还听见几个男生怪叫着小宇和小眉的名字。

赵老师大吃一惊。小眉是个文静秀气的姑娘，父母离异后她跟着母亲生活，乖巧懂事得让人心疼。难道她会跟阳光少年小宇有什么早恋问题吗？

课后，赵老师分别找小宇和小眉谈话，关照他们把心思放在学习上。小眉委屈地说："我们就是一起写作业，有时候一起放学回家，没有什么问题。"小宇不认为他们交往过于密切，也没有什么错。

于是赵老师又联系了两个孩子的家长，婉转表达了青春期早恋的危害。小眉的妈妈迅速行动起来，每天接送女儿上下学，再也不允许小眉和小宇接触了。

请评析案例中赵老师的教育行为。

分析

两个孩子有没有早恋，其实都还没有定论。青春期的孩子对于异性会产生一些特殊、懵懂的情感，而教师在没有好好深入了解情况和两个孩子的内心世界时就对他们采取遏制打压的做法，可能会引起很严重的后果。

判断

案例中教师的做法是错误的，教师的问题在于以自己的主观臆断来简单粗暴地解决孩子的特殊心理问题。

观点

青春期的孩子尤其是家庭环境特殊的孩子，比一般的孩子在情感上更脆弱，更需要特殊的关爱和理解。

阐述

青春期的孩子对于异性开始关心，人生观和价值观开始形成，具有一定的叛逆情绪。两个孩子在一起交往密切，即使班级里有很多传言，他们也未必就是早恋。教师这样断言太过武断了。

这个女生本来就是单亲家庭，缺失父爱，这样的孩子更为敏感，教师在处理此类事件时更要谨慎。

一方面，要了解两个孩子现在的具体情况，言行举止是否过分；另一方面，要引导孩子正确处理青春期的异性观，与异性正常交往，以一个心理咨询师的身份与孩子好好沟通，而不是让青春期的孩子因为叛逆越走越远。

这时，教师不妨以一个过来人的身份与孩子平等沟通，甚至可以给孩子出谋划策，让孩子放下戒心，并能够真正地听进教师的引导和教育。

（上海市向明初级中学提供）

8. 怎样才算成功的班队会

在年级组长的鼓励下，初二年级这个月的主题班会由各班学生自行组织，并通过自评、互评的方式得出名次。

（2）班的班主任郑老师心里很忐忑。一直以来，班队会都是由她策划的，班干部也配合得很好。现在完全放手不管，这群孩子会搞成什么样呢？

沟通篇

班队会这一天，郑老师旁观着：唉，节目与主题似乎脱节了；串联稿好几个地方都不通顺；多媒体出问题了，播放不畅……

然而，令郑老师没想到的是，大家对于这次班队会的评价很高。

"很不错！""节目好玩！串联词有趣。""PPT 漂亮！"热衷程度竟然超越了以往几次在老师看来非常"完美"的班队会。

郑老师很诧异，这个不完美的班队会为什么会获得如此高的赞赏呢？

到底怎么样才算是成功的班队会呢？

分析

显而易见，教师与学生对于"什么是一次好的班队活动"的认知及评价标准并不一样，这是导致问题出现的关键。尽管节目的选择与主题有些脱节，尽管 PPT 的播放与主持人的串联词不能完全对上号，尽管……但这些都不是孩子们关注的焦点，在他们眼中，活动是"完美"的！

判断

由教师越俎代庖地组织班队会，将自己的意愿强加于学生，如此按部就班的本身就已经使其不完美。但是学生喜欢的就一定是教师该认可的吗？答案当然是否定的。

观点

教师应当坚持以人为本的"儿童视角"，用正确的教育观念，树立"无须完美"的心态，在班队会组织过程中，通过引导和点拨，真正促进学生认知和能力的提升，达成应有的教育目标。

阐述

学生是活动的主体，教师得承认学生的存在，承认他们是有血有肉有思想的人，并给予他们一定的尊重。所以班队活动的设计首先应该是根据学生需求而言的。

"一切成功的教育莫过于少年儿童主动的自我教育、自我要求和自我完善。"一旦班队会真正成了孩子们自己的班队会，提供给他们的是整个舞台，孩子们参与活动的热情就会大大提高，教育目标也容易达成。

但教师也绝不仅仅是旁观者，而应当是引领者，是参与者，更是合作伙伴。教师应该努力调动学生的积极性，适时有效地开展指导，在活动组织中"有扶有放，收放自如"。

对孩子的教育，很多时候不是方法的问题，更多是态度的问题。

（上海市江宁学校提供）

9. "笨小孩"

小张在平时学业上表现出的理解能力与其他同学相比较为薄弱。在课堂上，老师向她提问时，她往往回答跑题；对于课堂作业，小张多数情况下难以按照要求顺利完成，仅能完成目标的 20%—50%；学习成绩在班级里也倒数。小张的家长更是多次当着小张本人和学校老师的面提起她曾经参加过智力（IQ）测试，测出"智力低下"的事实。因为智力低下，所以跟不上学习进度，明显落后于其他同学。在家长十分肯定小张智力低于常人的明确态度下，小张对自己做事逐渐失去信心，学习兴趣下降。

请运用现代教育理论评析该案例。

 **分析**

学生是不是真的智力低下从而影响学习，不是该案例存在的重点问题。家长对小张智力低下持有的毋庸置疑的肯定态度，以及在小张本人和教师面前多次提起她"智力低下"的事实，对小张自尊心的挫伤，以及对其学习动力所产生的负面影响，才是本案例的关键问题。

判断

案例中家长的做法显然是错误的，家长应该不断鼓励小张，而不是直接指出她"智力低下"的事实，打击孩子的学习自信心。

幼儿园　　　小　学　　　**初　中**　　　高　中

沟通篇

🔅 观点

学生是发展中的人，家长和教师应该及时鼓励和肯定学生的发展。只有尊重学生，关注学生的发展心理，爱护学生的学习热情，才能促进学生的身心发展。学生是学习的主体，是学习的主人。

💬 阐述

中学生还处于世界观、价值观和人生观尚未形成的阶段，处于自我不断探索和发展的时期，在成长过程中，学生往往会参考"大人"的观点。家长和教师的言谈举止对学生的发展起着重要的作用。案例中，小张因为家长对自己"智力低下"的事实持有十分肯定的态度，所以她相信自己确实存在这样的问题，做事开始失去信心，学习兴趣下降。

作为"发展中的人"，在学生的成长过程中，教师应该及时给予他们肯定和鼓励，给予他们心理上的支持，增强他们的自信心，培养他们的学习兴趣。教师应该及时与家长沟通，通过引导，避免家长在学生本人和他人面前多次提起小张智力低下的情况发生。

在学习上，教师应该多为小张付出耐心和关爱。例如，一道题小张理解不了就多讲几次，辅导小张做作业，鼓励小张遇到不会的问题及时问老师。教师应及时肯定小张每一点每一滴的进步，通过鼓励、肯定、赞赏的方式培养小张的自信心。

（上海音乐学院实验学校提供）

🗆 10. 化嘲笑为鼓励

科学课上，老师提问，同学们鸦雀无声。

此时，同学们公认的"木头"小陶同学说话了："老师，你请小逸同学回答。""好的。"小逸同学的回答准确响亮，赢得了同学们的掌声。

老师说："我喜欢思维活跃的课堂，我提问时大家踊跃回答，错了也没关系，只要在思考，我都非常喜欢，不能像木头一样坐在教室里。"

"就像小陶一样。"小陈同学说，大家一下笑了起来。

老师说:"大家错了,你们看,刚才没人回答问题,课堂停顿时,我们的小陶同学在积极思考,帮老师找到了小逸同学,他可不是'木头'!"同学们又一次开心地笑了起来。

隔天,小陶的班主任说:"从不学习的小陶,竟然在自修课上拿起了科学书。"请运用现代教育理论谈谈你对此案例的看法。

分析

面对同学们公然的嘲笑,教师没有大声斥责,而是"借力打力"地化解了一次课堂危机。

判断

案例中教师的做法是正确的,并且受到了同学们的欢迎。

观点

平等的师生关系和友好的生生关系是良好课堂氛围的保障,教师只有尊重学生,关注学生心理,呵护学生自尊心,才能赢得学生的喜爱。

阐述

学生的学习是一个长期的动态过程,某些学生可能由于各种各样的原因在一段时间内不喜欢学习,就像班级中的小陶,以往任何课从不拿出书本,从不写作业,更从不回答问题,不参与课堂,是同学们公认的"木头"。

"木头"的唤醒给我们的启示是要尊重每一个学生,呵护每一个学生的自尊心,尤其是学困生。教师应及时发现他们身上的亮点,点燃他们的学习热情,同时引导学生之间相互尊重,互相赏识,建立平等的师生关系和友好的生生关系,让课堂不时传来掌声和笑声,师生愉悦地进行教学。

这个案例中,教师尊重并采纳了小陶的建议,同学们的掌声是对小逸回答的肯定,但相信小陶也体会到了"慧眼识金"的妙处,教师更体会到了尊重小陶是个明智的选择。

再来看同学们的两次笑声,第一次笑声饱含同学们对小陶这块"木头"

的嘲笑，经过老师幽默的点拨，同学们的第二次笑声已经充满了善意和对小陶的肯定，相信也有对老师幽默的喜欢。

班主任对小陶的描述，让我们看到即使是大家公认的"木头"也有被"唤醒"的时候。教师何不抓住这样的契机，多多用眼睛去发现，用耳朵去倾听，用心灵去感受，和学生一同体验学习中的乐趣。

（上海市嘉定区疁城实验学校提供）

11. 迟到有理

预备铃响了，我开始例行的"监督"工作，检查学生课前准备和进教室的速度。孩子们都快速地跑回教室。

上课铃响过之后，我扫视全班，突然看见班里素来顽皮的一个男同学匆匆赶来。我当时想这孩子肯定又满校园的跑去玩了，心里很生气。因为我从孩子们一年级入学的第一天起就一再强调上课不能迟到，必须赶在正式上课铃响之前到达教室。我把他叫到讲台前，严厉地批评了他。孰知，他满脸的不服气，眼泪在眼圈里打转。

我不禁更为恼火了，厉声呵斥："迟到还有理了，有什么不服气的？"他流着泪说："刚才有个同学跟我一起在学校小广场上玩，撒了很多小纸片，我就蹲下来把那些小纸片都捡起来，然后又丢到垃圾桶里，所以上课迟到了。"哦，原来是这样，当着同学的面我一脸尴尬，匆忙说："喔，那你赶快坐回座位吧！"

请用现代教育理论分析案例中教师的做法。

 分析

用"有色眼镜看人"是教师在工作中常犯的错误。一贯调皮并不代表孩子完全失去是非判断的能力。随着年龄的增长，在教师的引导和环境的熏陶下，孩子会有一个转变的过程。从调皮的孩子到守纪律的孩子转变的过程中间有一个过渡地带，这个孩子这次捡纸片的行为就有可能是其旧有顽固的不良习惯开始松动，是向良性方向发展的开始。但遗憾的是，教师未能改变旧有的认知，也未能抓住推动其进步的良机。

判断

案例中教师的做法欠妥，教师未能放下自身错误的"师道尊严"观念，站在学生发展的角度，适时引导孩子的思想行为向良性方向发展。

观点

教育是一个灵魂唤醒另一个灵魂的过程，教师应放下架子和面子，及时抓住唤醒孩子灵魂的良机，使得本来懵懂无知的灵魂在即将划开混沌走向开化之时得到助推，而不是打击和扼杀，使其陷入新的混沌和困境。

阐述

作为教师，一定要树立以学生为主体的学生观，当学生犯错误时，在自己没有完全掌握事实的前提下，不能太过于冲动、急躁。一时不冷静说出一些过火的话，会严重伤害学生的自尊心，使他们失去努力改正缺点的勇气和信心，严重抑制学生的主体性。有时候，教师一次小小的误判，可能会使学生备感委屈和羞辱，不能原谅老师，并产生对立的情绪，如果这样教育工作就更难进行了。

另外，学生都是可教育可塑造的，教师不能用一成不变的老眼光看学生，而应该用发展的眼光看待学生，要敏锐地捕捉到学生取得的每一点进步，并适时地引导学生的进步，以达到促进学生进步不断放大的效果。

教师万不可用传统的"师道尊严"和人性的弱点来约束自己的思想，使自己的教育行为被禁锢，要学会蹲下身来，与学生平等对话。教师要相信人性本善，再懵懂的心灵也会慢慢开化，要尊重每一位学生，与学生之间建立一座心灵相通的信任和爱的桥梁。

（上海市毓秀学校提供）

初中
素养篇

以下这些案例可以让每位教师思考：教师的基本素养是什么？学会倾听，因材施教，以身作则，不急躁，不武断，宽容包容……可能一个孩子的改变就在于教师一句不经意的话和一个不经意的举动。

1. 科学课上的英语作业

科学课上，小 A 同学不认真听讲，堂而皇之地拿出英语作业，沉浸在"英语世界"里。

老师暗示她好几次，希望她能够就此打住。没想到，她视而不见，根本不理会老师善意的劝阻。

老师有些"上火"，走到小 A 边上，想要没收她的英语作业。没想到，小 A 死死拽着作业本不肯松手，并念念有词："科学课太无聊，为了不浪费时间，只能做一些主课的作业。"

老师愤怒了，用力夺过作业本，将它撕得粉碎，然后板着脸继续讲课。

请运用现代教育理论评析该教师的行为。

分析

教师与学生之间矛盾激化源于学生说了一些不恰当的话。比如："科学课太无聊"——直接对老师的教学水平提出质疑，"只能做一些主课的作业"——有明显瞧不起非中考学科教师的嫌疑。教师觉得下不了台，才会产生过激行为。

判断

教师的行为显然是错误的，他应该调控好自己的情绪，以免有过激行为。

观点

对于班级里敢于挑战教师"权威"的学生，教师应尽量避免在教室里与其发生正面冲突，应寻找适当的时机与其个别谈心，化解矛盾。

阐述

案例中，教师起初的行为还是可圈可点的，因为当他看到学生做与课堂不相关的事情时，并没有当场训斥，而是多次暗示，为学生保留了尊严。但是，当学生屡教不改的时候,教师显得"修养"不够,尤其是听到一些难听的话时,就立刻火冒三丈,在众目睽睽之下撕本子,看似可以"杀鸡儆猴",实则无异于"泼妇"的行为,与教师的行为规范不相符。

课堂里,教师要面对几十位学生,对一位学生大光其火,其余学生"陪听",不是明智之举。况且,矛盾的激化并不利于解决问题。教育本就是一个漫长的过程,不可能立竿见影。所以,课堂上无法解决的问题,可以再找机会进一步教育。

当然,教师也应反省自己,自己的课堂是否真的很无趣,是否照本宣科,是否形式单一,能否通过一些活动环节,增加学生的参与度,提高学生的兴趣,从而抓住学生的"心"。

(上海市第三女子初级中学提供)

2. 这些东西我在网上看过

生物课上,林老师精心准备了关于生物变异的课件,他结合当前世界正在发生的蝗灾,请学生观看蝗虫的变异视频。他满心以为学生会非常感兴趣,不料一个学生说:"老师,这些东西网上到处都是,我们都看过了。"顿时,好几个学生都附和。

林老师非常尴尬,他满脸通红地说:"发言要举手,怎么这么不守纪律!"
请用现代教育理论评析林老师的行为。

分析

此案例的焦点不在于学生是否违反课堂纪律。案例实际聚焦在两个视角:一是网络信息背景下,学生的学习方式和学习途径增多,作为教师该如何应对;二是信息时代中,如何认识师生的角色定位。

判断

案例中教师的做法是错误的,他的问题在于不具备与时俱进的教育教学理念。

观点

信息时代下,学生知识的获取方式愈加便捷,学习途径的选择也变得越来越开放,教师不再是知识的占有者和权威发布者。这就意味着教师尤其要立足学生发展,以开放的心态和鼓励的行为来激发学生参与学习的热情。同时,师生之间的角色也与传统课堂不同,教师更多呈现出学习的组织者、引导者和帮助者的角色,师生之间更像学习共同体。

阐述

表面上看,该案例是学生不守纪律,影响了教师的课堂教学,实际上却折射出新时代下学生学习方式和途径的转变带给课堂教学的挑战。课堂不再是学生学习的唯一场所,学生知识的获得已跨越了时间和空间的界限,教师也不再是知识绝对的、权威的拥有者。

首先,教师要有课堂的主体是学生的思想意识。所有教学活动的开展、学习活动的推进都应以"有利于学生发展"为要旨。

其次,面对这样的情况,教师应该因势利导,鼓励学生参与到学习活动中来,引导学生成为课堂知识的传播者而非倾听者,帮助学生成为自己教学的伙伴和助手。

最后,该案例也提示我们,教师要做不懈的学习者,这样才能顺应新时代对教师的新要求。

这时候,教师不妨这么说:"这位同学,你的自主学习能力太强了,大家一起给他点赞!请你和大家分享一下,你当时看这些资料的体会。你可以再推荐一些你认为好的学习资料,供大家深入学习吗?"

(上海市钟山初级中学提供)

3. 50分到100分

有一名六年级的学生,因为数学总是学不好,对自己信心不足。有一次,数学老师给大家布置了10道测试题,他做完后的测试结果是50分,10

幼儿园　　　小　学　　　**初　中**　　　高　中

素养篇

道题里有一半题完全不得分。但是这位老师并没有直接在他的测试卷上写下难堪的"50分",而是告诉这个学生,如果他能在一周时间内自己学会这些题目,可以给他重新评分。除了自己看书外,他还可以向同学、家长和其他老师求助。

一周后,这名学生拿着涂改得乱七八糟、用过各种解题方式的试卷交给老师时,数学老师给了他一个大大的"100分"。

请运用现代教育理论评价案例中教师的行为。

分析

案例中,学生测试成绩不佳,教师并没有一味地批评指责他,也没有直接给他讲解分析,而是鼓励他通过自己的努力找到合适的方法,学会解决问题。

判断

案例中这位教师的做法是正确的,在面对学生教学效果不佳时,他并没有一味地打击学生学习的积极性,而是鼓励学生通过自己的努力尝试解决问题,并且给予了肯定。

观点

教师在评价学生的学习时不应该过分关注活动的结果(如学生成绩、教师业绩、学校升学率等),而忽视被评价者在活动各个时期的进步状况和努力程度。

阐述

长期以来,我国对学生的评价采用的是传统的纸笔测验和百分制评价。随着教育综合改革的深入和对学生综合素养的关注,人们越来越认识到传统评价方法的局限和弊端。

在评价学生的学习效果时,教育工作者应该用发展的眼光看待问题,重视学生个体间的差异性;在对学生的学习进行评价时,能够进行纵向比较,关注他们在活动各个时期的进步状况和努力程度,对教育活动的发展和变化过程进行动态评价；形成学生、教育专家、家长等多主体都能共同积极参与、交互作用的评价模式，发挥评价主体多源、多向的价值。

学生是学习的主体，也是学习的主人，只有尊重学生，关注学生的学习发展心理，爱护学生的学习热情，才能促进学生的身心发展。

（上海市宝山区淞谊中学提供）

4. 唐氏综合征

第一天走进课堂，我正在给班级立规矩，刚讲两分钟，看见坐在教室后面的一位同学举手了，由于提前了解到班里有一名患有唐氏综合征的同学，通过她面目的不正常，我判断她就是那位特殊的学生。我问她："有什么事？"她告诉我她要出去喝水，我说："这是上课时间，上课有上课的规矩，不允许外出走动。"说完又继续开始讲，不一会儿，有同学告诉我："老师，王××喝墨水了。"我一看，吓坏了，马上带她去找班主任。

回来后，学生告诉我："老师，以后王××要做什么，您就让她做吧，要不她会自残的。"下课后，我赶紧问她有没有不舒服，想要关心她，可是她躲到班主任后面，一脸对我的仇视，也不理我，我顿时手足无措，心里忐忑不安。

在以后的日子里，课前我都提醒她做好准备，上课表现好还奖励她糖吃，没事和她一起玩纸牌，还给她安排一点力所能及的事情做。后来她看见我就会跑过来抱我，上课也很认真听讲。

请运用现代教育理论评价该案例。

分析

在这个事件中王××是一名"特殊"的学生，应给予其特殊照顾。唐氏综合征的患者是有"常口渴"这种症状，他们需要多喝水是一种生理需求。知道班里有特殊学生，教师没有提前了解这种病的症状，是准备工作做得不够充分。

幼儿园　　　　小　学　　　　**初　中**　　　　高　中
素养篇

判断

　　发生了上述情况,教师没有及时关心,把她送诊,帮她清洗嘴巴,而是把她交给了班主任处理,后续才给予关心,从而引起学生对老师的仇视。这体现出教师的经验不足,所采取的方法是错误的。

观点

　　教师对学生的爱是教育学生的基础,应与学生建立和谐的师生关系。在新的教育形势下,教师要加强业务学习。

阐述

　　案例中的王××是一名特殊学生,由于教师没有给予其特殊的照顾,没有用善意的心态去领会她的需求,却用粗暴的教育导致学生道德意识改变,出现对老师的仇视,这些都跟教师的教育方法不当有很大关系。

　　试想,如果当时教师第一节课让她出去喝水,或者找个同学去帮她打点水喝,满足她的一个小小要求,下次课提前让她做好课前准备,那么王某就不会出现后来的反常行为。作为教师,为避免损害学生的心灵,要多了解自己的学生,关爱自己的学生,面对学生这个群体,处理意外事件的教育方式方法一定要谨慎。

　　案例中,教师对学生不分青红皂白的斥责,实际上是对学生缺乏真爱,往往会导致师生关系对立,从而导致学生从"厌师"到"厌学"。古代哲人曾说过"亲其师,信其道",这是对师生关系的高度概括。良好的师生关系,既可以减少学生的心理疾病,又可以减轻学生的心理负担。教师对学生的爱不仅是师生情感的润滑剂,还是学生心灵活动的支撑点。教师只有发自内心地真爱自己的学生,才能换来学生的真爱。

　　在新的教育形势下,教师只有加强业务学习才能适应教育的发展。教育是一门"艺术",是一门"以人为本"的科学;教师是人类灵魂的工程师,是学生心灵的保护神。教师应该保护学生的心灵,虽然有时会不到位或者有瑕疵,但是只要及时反省,不断总结教育,悲剧就不会重演。

（上海市宝山区淞谊中学提供）

5. 默写的进步

最近的作业又有不少学生偷工减料，班级默写反馈出来的情况——有十来个孩子在家默写是抄书的，在校默写的整体状况也令人着急。怎么办？大发一通脾气只能解自己的一时之气，孩子们还是会老调重弹。

于是，我努力调整自己的情绪，一字一顿地说道："今天的默写，有几个同学被我发现'原形'——在家并没有真正去默写。注意了，明天老师将继续学孙悟空三打白骨精，让这些'妖精'现出原形。"说着，用富有深意的目光快速扫视了几个做得不好的同学。同学们一听都笑了，几个犯错的孩子也不好意思地笑了。第二天，班级的默写有了意想不到的进步，几个孩子都改正了自己的不良行为，其他的孩子也付出了更多努力，全班默写正确率高了许多。

请运用现代教育理论评价该案例。

分析

犯错是人人都避免不了的，何况孩子毕竟是孩子，偶尔有对学习的松懈是正常的，教师对孩子们的退步应该保持正确平和的心态。

判断

学生不能按要求完成家庭作业，可能有学生的原因，有家长的原因，也可能有教师的原因。教师要根据"因材施教"的原则，激发孩子的自主性，提高孩子的学习兴趣，使他们具有持久的学习动力。

观点

苏联著名教育家斯维特洛夫认为："教育家最主要的也是第一位助手，就是幽默。"教师在日常教学中也应当努力使用幽默这位助手来帮助自己的教育教学实践。幽默的任课教师和幽默的班主任往往更能赢得学生的爱戴与喜欢。

素养篇

阐述

幽默是一种有价值的思维品质，表现为机智处理复杂问题的应变能力。幽默是人们处于困境时实现自我解脱的方法，是用微笑去面对人生中的矛盾。幽默既可以活跃气氛，增添乐趣，又可以振奋精神，鼓舞斗志。在班级管理过程中恰到好处的幽默可以缓解孩子紧张的学习压力，同时有利于创建和谐的师生关系。

幽默是教师语言的一种重要表现形式，当代教师需要幽默。幽默的语言除了自己的即兴"创作"，更多的来自平时的积累。为了更好地发挥幽默的积极作用，教师可以在生活和学习之余搜集富有幽默感的妙语锦句、小故事、笑话、脑筋急转弯等，以备不时之需。

现在互联网上的信息量非常大，与教育有关的幽默小品和智慧哲语很多，平时留心收集的话既可娱乐自己又可用于教育教学。平常在与同事和亲友的交谈中我们也不妨来点幽默，训练自己成为幽默的教师。

（上海市奉贤区育秀实验学校提供）

6. 罚站

李同学上早自修经常迟到，这一次他又迟到了，老师非常生气，当着全班同学的面呵斥了他，并且嘲讽他说："是不是太胖了跑不动。"之后让他在教室外面罚站。经过这一次的事情之后，原本十分开朗外向的李同学变得沉默寡言，也不爱与老师和同学交流了。

请运用现代教育理论谈谈你的看法。

分析

现代教育提倡教师要欣赏、宽容和尊重学生，对于上课经常迟到的李同学态度也应如此。学生不是成年人，他们的生理和心理均未发展成熟，因而在生活和学习中难免出现心理、行为等偏差，后进生在这方面表现会特别突出。

判断

案例中教师的做法显然是错误的,教师没有做到尊重学生,也不知道如何正确教导学生。

观点

学生是学习的主体,教师要尊重学生,关注学生的学习发展心理,以宽容的态度进行教育引导,并且要遵循循序渐进的原则。

阐述

首先,应以宽容的态度让学生感受到关爱,可以与学生进行单独交流,用温和的语气询问学生最近是否遇到什么困难或者有不开心的事情,了解实际情况后和学生一起想办法解决。案例中的教师可以送李同学一只小闹钟,告诉他:"每天的铃声就是老师和同学对你能准时到校的一种期待和召唤。"

其次,在课堂上和活动中可以用肯定的目光让学生重建自信,可以结合学生的兴趣点引领其学习,设置难度适宜的问题鼓励学生作答并及时给予反馈和表扬,从而激发学生的学习动机,培养学生的学习兴趣,进而达到良好的学习效果。

最后,课后应积极联系家长共同合作,与家长保持长期联系,把孩子的学习、品德、劳动等情况及时向家长反馈,并指出孩子无限的发展空间。建立家长对孩子的信心,同时引导家长配合教师共同关心和引导孩子,实现学校教育与家庭教育的有机结合,保持两者的一致性。

(上海市奉贤区华亭学校提供)

高中
教学篇

对教师而言，课堂是教学的主阵地。面对千差万别的课堂，教师如何更好地掌控课堂，抓住课堂即时生成的内容，如何"备"有效的课，如何做到教学相长，这些都是摆在每位教师面前的问题。尤其对青年教师而言，如何博采众长，化为己有，从而快速成长，形成自身特点，这些问题都很实际。希望下面的案例对大家有所帮助。

1. 模仿教学效果不理想

青年教师小高一心想提高教学水平，他主动向特级教师李老师学习，经常跟班听课，并尽力模仿李老师的课。小高老师上课时，尽管课堂教学设计、教学方法甚至教学语言都与李老师相仿，但教学效果就是不佳。

请你运用现代教育理论评析这一现象。

分析

这是一个青年教师经常会遇到的问题。青年教师需要向有经验的老教师学习，但问题是学什么，怎么学。只停留在模仿的层面，抓不住教育的精髓，是提高不了教学技艺的。

判断

小高老师的做法显然是低层次的，他的问题在于对课堂教学理念和教师成长规律的认识存在偏差。

观点

学生是学习的主体，教学需要贴近学生实际，只有做到因材施教，才能取得好的教学效果。同时，教师只有不断反思和改进教学行为，才能不断提高教学水平。

阐述

（1）小高虽然关注了课堂教学设计、教学方法和教学语言，但是他忽视了学情分析，教学无法贴近学生实际，无法做到因材施教。同时，照搬别人的课就无法产生互动与生成，是难以形成高效课堂的。

（2）小高在促进自我成长的过程中，一味地模仿特级教师，没有做到"完善个性，展现个人魅力"。教师要想得到学生的爱戴，就要有内在的个人魅力，有了内在的人格魅力才能优化师生情感关系。"亲其师，则信其道"，教学效果自然会逐步好转。

（3）小高在对待自我上，注重了模仿，但忽视了对自己教学的反思。教学反思被认为是"教师专业发展和自我成长的核心因素"，青年教师要将成熟教师的经验与自己的教学理解相结合，内化成熟教师的经验并有创造性地应用，才能更好地促进自我成长。小高正是忽视了教学反思，才会导致教学效果不佳，也影响了自我成长。

（上海市崇明区教育学院提供）

2. 老师出错了……

课上，有学生突然对我的教学内容提出不同的看法，事实证明我确实错了。

我当场立即更改原先的错误答案，向学生讲解正确答案应该是什么，并且和学生一起探索老师的错误答案是由于什么原因产生的，提醒学生千万不要再犯同样的错误。

我对这位提出不同看法的同学加以表扬，表扬他上课认真听讲，能够积极地动脑思考问题，而不是一味地接受老师的教学内容；表扬他的质疑精神，能够提出自己不同的见解。

请你运用现代教育理论评析该教师的行为。

分析

教学内容的错误需要纠正，但问题的关键并不是谁对谁错，而是学生和教师间的教学相长以及学生质疑能力的培养。

判断

案例中教师的做法是正确的。

观点

优秀的教师是一个善于听取学生意见、乐于学习的教师,在以学生为主体的教育观念下,教师应该主动培养学生质疑的能力。

阐述

古人讲教学相长,现在讲以学生为师,都说明教学过程是一个学生和教师共同学习、共同提高的过程。优秀的教师要善于听取学生的意见,乐于向学生学习,及时纠正错误,这是培养学生主动学习和质疑能力的有效途径之一。

在培养学生质疑能力的过程中,一个聪明的教师往往会抓住课堂上难能可贵的机会,继续加以引导,让学生的质疑能力得到最有效的发挥。

(上海市实验学校提供)

3. 冷场的课堂

"今天我们一起学习司马迁的《廉颇蔺相如列传》,首先请大家谈一谈你对司马迁、对《史记》的了解和认识。"大部分同学都低下了头。

"请大家看幻灯片,这里是对司马迁和《史记》的介绍。"S老师的兴趣也和学生一样降到了"冰谷",迫于无奈只好把自己知道的相关知识一股脑地抛给他们。

紧接着老师带领学生一起梳理文章中比较难懂的字词、特殊句式以及文化常识。老师有板有眼地讲解,学生无精打采地听讲;老师声嘶力竭,学生无动于衷。最后的结果也是不言而喻的,即使当堂考查刚刚讲过的知识,学生基本上也是一知半解,似懂非懂。

年轻老师经常会遇到这样的教学场景,对此S老师也非常困惑。

请你分析此类教学的不足之处,并谈谈该如何改进。

分析

学生在以教师讲解为中心的课堂中学习,只需听从教师的分析、咀嚼,自己只是接受消化，这种教学的负面影响使学生自觉主动求知的能力和品质得不到培养，滋长了学生的依赖心理。即使学生很好地接受了教师的知识，考了很高的分数，但也埋下了"高分低能"的隐患。这样的课堂是以抹杀学生思维能力为代价的。

判断

教师完全以自己设定的认知水平来讲解，忽视了学生认知背景、认知速度和认知策略的差异性。在这样的课堂中，教师是一个领导者的角色，学生失去了自我发挥、自我创造的意识和能力，变得过于被动，学生的学习兴趣也得不到应有的尊重，取而代之的是教师的一厢情愿。这样的课堂是没有涟漪的一潭死水。

观点

在这样的课堂中，教师和学生之间缺少必要的交流和碰撞，因此也就没有生成的知识，完全是教师预设的知识。

阐述

重视学生在课堂中的主体地位，激发学生的主动思维，才能有效激活课堂。教师施教的目的最终都要落实到学生身上，要让学生在知识、能力、思想诸方面获得进步，教是为了学生的学。只有当教师把学生看成是课堂学习活动的主体，并且在教学过程中让学生成为学习活动的主人时，教师才可能有效地实现教学目的。

教师在多大程度上让学生成为学习活动的主人，也就能够在多大程度上实现教学的目的。离开了学生积极主动的学，教师的一切努力都将成为泡影。

学生的学习主动性发挥得如何，主要取决于教师在教学过程中对学生的学习活动如何指导和调控。所以，教师应该让学生成为学习活动的主人，应当改变以前领导者的角色，教师不妨变得谦虚一点，让学生更好地去发挥。

（上海市崇明中学提供）

4. 备课和上课

一位新教师要上公开课，为了这节课她查阅了很多资料，甚至还包括该专题的学术论文，她就此撰写了非常详细的教案，预估了每一个教学环节的时间，并把一些觉得精彩的句子背下来，准备在上课时好好表现一番。

结果，在课堂上学生们对教师声情并茂的话语并不"领情"，上到后来几乎就变成了一场教师个人的讲演。因为没有学生的互动和反馈，教师只好硬着头皮自问自答，勉强把教案上的流程走完。事后，这位教师很不解，觉得自己的辛苦都白费了，又觉得学生不"配合"自己，不理解老师的好心和苦心。

请评述该案例，谈谈你的看法。

分析

这位教师认为公开课只需要教学内容有深度和高度、教学语言精彩就可以，把关注点都放在了教师自身的表现上，而忽视了学生的实际。

判断

案例中教师的想法是不妥当的，教师的问题在于教学设计时只关注了学科内容而没有考虑学情，教学过程中没有关注课堂的生成性，忽略了学生的主体性。

观点

学生是课堂的主体，课堂的意义在于促进学生的发展，教师作为课堂的主导，应充分关注学生的学习过程。

阐述

教学目标的确定取决于学科课程标准、教材内容和学生实际三个方面。新教师由于对教材不够熟悉，也出于大学专业学习的惯性，容易把关注点局限在学科内容上。所以，教师备课不仅要备教材，更要备学生。

了解学生的实际情况，特别是找到学生的认知起点，熟悉学生的认知风格，对于教师确定适宜的教学目标继而完成教学设计非常重要。如果教师一味地追求难度和高度，使教学目标远远超过大部分学生的理解和接受能力，那么课堂的有效性就会大打折扣。

教学设计是教师对整节课的计划和构想，对于推进课堂流程有一定的指引和参考作用。不过，一堂课的设计固然应该划分若干教学活动板块，但不宜过于精细地算好每个环节的具体时间。在具体的课堂教学中，由于教师预设和学生生成的差异，有时会发生学生的回答与教师的预设不一致的情况。这时，新教师常常会为了顺利进入下一步的教学流程，强行把学生"拉回正轨"。从某种意义上，这恰恰损害了学生学习的自主性、思维的活跃性和发言的积极性。拥有教学智慧的教师往往会主动调整自己的教学设计，适当延长、缩短乃至取消某些教学环节，自如地应对课堂上的千变万化，因势利导，激发学生的智慧和热情，把握课堂上那些"不可预约的精彩"。

每一位教师都很重视公开课，但公开展示并非学生"配合"教师一起"表演"，而是通过有效的师生对话自然推进教学过程。其实，只要教师能以科学的课程观和学生观认真踏实地上好每一堂"家常课"，经过一定的经验积累之后，上出精彩的公开课也就水到渠成了。

（复旦大学附属中学提供）

5. 课堂失控进行时

顾老师是一位年轻的数学教师，学生和她亲密无间，因此她的课堂师生关系融洽，气氛活跃。这给她的教学带来了很大便利，但同时也带来了一些麻烦。在一次课上，课堂气氛逐渐高涨，同学们互相讨论和辩驳问题，并渐渐失去控制，脱离了教学主题，间或出现学生互相的言语攻击。

顾老师大声喊停，同学们依旧意犹未尽，课堂出现几次反复。最终，这节课的教学内容没有顺利展开，教学目标也没有实现。顾老师因此反思了自己的课堂教学方式：是不是应该放弃和学生课堂上的教学互动，回到她读中小学时的课堂形式，要求学生们认真听课、鸦雀无声。那时候，他们的成绩好像也不错。

请运用现代教育理论对顾老师的行为进行评析。

分析

现代课堂教学强调以学生为本，学生是教学活动中的主体，教师要放手搭建平台，让学生全员参与，有话可说，表达自己的观点和见解。因此，回到以前那样教师"满堂灌"是一种倒退，但同样要防止像案例中顾老师那样的课堂失控。

判断

案例中顾老师的做法是错误的，她没有在课堂纪律与课堂气氛之间做好平衡。

观点

纪律是一种教学保障手段，课堂纪律要有助于营造良好的课堂气氛，要符合学生的身心发展特点，要容纳学生个性。只要围绕着课堂主题，同学之间、师生之间的对话甚至争执都应认定为是符合纪律的。在这样的定义下，课堂纪律与课堂气氛是相容的。

阐述

课堂纪律，主要是指对学生的课堂行为施加的外部控制与规则。课堂纪律有两个主要目的：一是作为学生学习与实践如何处理好个体与集体关系的平台，二是保障课堂教学顺利进行的一个手段。而课堂气氛能活跃学生思维，发挥学生潜在智力，促进学生积极主动地学习，课堂气氛活跃追求的是学生思维的活跃和自由。这两者都是课堂教学成功的重要因素，并不对立。教师要平衡好课堂纪律与课堂气氛须做到以下几点。

第一，教师须认真备课，熟知教学内容在整个学段（整个学科）的地位与承接关系、发生与发展过程，预设好教学内容在课堂中可能产生的思维碰撞与结果，准备好不同情况下的应对方案。只有在充分的准备下，课堂活动才能与学生的思维活动相匹配，课堂教学才能实现教学目标。

第二，要在课堂上随时关注学生的动态并做出合理反馈。在授课中，教师眼里要有学生，关注学生的表现与动态，可以以点带面、以点破面，通过关注典型学生（思维特别活跃或特别不活跃）、标准学生（能代表班级总体思维进度）的表现主动调整教学流程，对学生理解可能存在的问题，鼓励学生及时发问并通过课堂活动及时解决。

第三，教师作为课堂的组织者和参与者，要对学生的活动过程与活动结果做出合理评价，以引导课堂走势形成良好的课堂研讨氛围。

第四，教师要指导学生自我控制、自我评价和自我改进。课堂教学是一个互动的过程，课堂教学的意义是通过互动培养学生学习的自律和求知的渴望。教学结果需要内化为每位学生的学习习惯，让学生从课堂中学会自我控制、自我评价进而能自我改进。这样，学生的课堂思维将更有价值、更有效率，课堂研讨目标也会更为明确，思维碰撞也更为深刻，教学过程也更为可控。

（上海交通大学附属中学提供）

高中

管理篇

高中生的世界开始有成年的意味,诸如利益、规则、爱情……都是他们思考的关键词。但这些思考还免不了带着校园的稚气,如戴耳钉、打球抢场地、擅自换座位等问题时有发生。面对即将成年的学生,如何掌握教育的分寸,如何跟上信息时代的节奏更新知识……都是摆在每位教育者面前的新课题。

高 中

管理篇

1. 学生擅自换座位

一名高一学生平日上课纪律不好，经常在课上说话、吃东西、玩手机……某日，该生在课前未经老师允许，自行将座位由前排调到了最后一排，并在课桌上放着早饭。老师发现后，让其坐回原位，学生并未起身，劝说多次未果，老师冲动之下就在课堂上与该生吵了起来，导致课堂无法进行下去。

请运用现代教育理论分析该教师的行为。

分析

学生不遵守课堂纪律以及教师对学生存有偏见是案例中矛盾产生的根源。

判断

案例中教师的做法是错误的，教师的问题在于未能树立正确的学生观。

观点

学生是独特的人，每个学生都有自身的独特性，同时学生也是具有独立意识的人，是不以教师的意志为转移的客观存在。教师只有做到平等看待每一位学生，热爱学生、理解学生、尊重学生，才能实现师生之间的和谐。

阐述

学生在学校表现出的错误行为习惯是长久以来养成的，一时之间无法改善。由于该生平时存在不好的行为习惯，使得教师对该生产生偏见，缺乏对该生的包容心和耐心，课堂上的争吵使该生在全班同学面前丧失了尊严，导致二人矛盾激化。

教师应抛却对该生的偏见，做到平等对待每一位学生，热爱和尊重该生。教师可选择在课后私下与该生进行交流与沟通，对该生多些包容与耐心，引导其慢慢纠正坏习惯。

（华东师范大学第三附属中学提供）

2. 抢球场引发的纠纷（1）

学校每天晚自修前学生有将近一小时的活动时间，男同学大多选择打篮球，可是因学校场地有限，不能满足所有学生的需求，只能采取以班级为单位轮流打。偏偏有次一位唐同学破坏了原先制定的游戏规则，领着自己班级的同学抢先占领学校的篮球场地玩了起来，从而引发其他班级同学的强烈不满。最后唐同学还为打篮球和另一位男同学打了起来，更要命的是他身体素质并不比对方强壮，在扭打中处于下风，虽然没有受伤，但在打架过程中明显吃了亏。为此他愤愤不平，放下狠话威胁对方："等周末放学回家再跟你算账。"

老师知道此事以后，只是大致了解了一下事情原委，也狠狠批评了唐同学的霸道作风，但并未进一步深究。

作为教师你认为这件事情应该如何处理更好。

分析

如何解决校园暴力问题长期以来一直是学校教育中的难题。

原因一：问题的发生具有隐蔽性，学生的矛盾一般不愿在学校公开，喜欢在外面私了，不易被学校老师发现。

原因二：受害方一般不愿主动向老师寻求帮助，生怕遭到对方更大的报复，往往采取息事宁人和忍让的做法，但往往事与愿违。

原因三：施暴一方往往有一种征服对方的心理满足感，以致最后把欺凌同学的行为变成了一种习惯。

判断

该教师没有正视校园暴力的危害性，简单处理学生之间的霸凌问题，这种态度容易激化矛盾，引发安全隐患。

观点

学校教育应该对校园暴力采取零容忍的态度，发现一起解决一起。对校园欺凌的"苗子",关键是一抓到底,决不能轻易放过,要把校园欺凌消灭在萌芽中。

 **阐述**

就本次事件而言,该教师虽然做了处理,但解决问题的方法过于简单,更重要的是没有后续的跟进措施。

对校园中发生的任何欺凌事件,首先教师思想上要十分重视,解决问题的过程中一定要在全面了解事情的基础上做出全面客观的分析,在不冤枉学生的同时,也不轻易放过施暴的学生。另外,在解决问题的过程中一定要上升到法律的层面对学生进行普法教育,尤其注意后续跟进措施要到位。努力通过家庭、社区和学校三方面的合力作用,把校园暴力事件扼杀在萌芽状态中。

(上海市浦东新区工读学校提供)

3. 抢球场引发的纠纷(2)

有一伙儿捣蛋学生,爱玩足球。为了玩球和看球赛,常常影响学习,有时还迟到、旷课,甚至有几次为了抢球和争夺场地与别班的学生发生冲突。针对这一问题,班主任组织这些"小捣蛋"成立了一个球队,选了队长,制定了队规。此后每天组织练球,在活动中练出了纪律、团结、意志和自我控制能力。

请评价案例中教师的行为。

 分析

学生的兴趣爱好并没有错,事件的关键点在于他们没有很好地处理兴趣爱好与学习之间的关系,也影响到同学之间的交流,这才是班主任处理事情的关键点所在。

判断

案例中教师的做法是正确的,教师适时地对学生加以引导,让学生往积极向上的方向发展。

观点

班主任对学生具有引导的责任,对学生的兴趣爱好应加以保护和引导。

阐述

该案例中班主任遵循了德育原则中的疏导原则,取得了良好的教育效果。疏导原则是指进行德育教育要循循善诱、以理服人,从提高学生的认识入手,调动学生的主动性,使他们积极向上。贯彻疏导原则的基本要求包括以下几点。

(1)讲明道德,疏导思想。对学生进行德育教育,要注重摆事实、讲道理,做深入细致的思想工作,启发他们自觉认识问题,自觉履行道德规范。

(2)因势利导,循循善诱。学生活泼好动,兴趣广泛,喜欢参加自己爱好的活动,因此做好德育工作要善于把学生的积极性和志趣引导到正确的方向上来。

(3)以表扬奖励为主,坚持正面教育。对学生表现的积极性和微小进步要及时肯定,多加赞许,培养他们的优良品质。

(上海市嘉定区教育学院提供)

4. 学霸的评语

赵峰是班里的数学课代表,不仅数学成绩好,其他各科成绩也都名列前茅。可是,他虽然上课时发言积极,课余时间却不愿意与同学主动交流,也不喜欢参加班级活动,显得有些冷漠。每当有同学向他请教问题时,他总是先强调一下:"连这样的题你都不会做?……那好吧,就由我来教教你吧……"

久而久之,同学们渐渐疏远了他,他的成就感只能从老师的表扬和肯定中获得。虽然老师明知同学们都不喜欢赵峰,却视而不见。在学期评语中,班主任老师对他的学习成绩赞赏有加,对他在其他方面的表现却只字不提。

请从教育理念的角度评析材料中这位教师的教育行为。如果你是赵峰的老师,你会如何做?

分析

赵峰虽然学习成绩优秀,但不愿与同学交流,不喜欢参加班集体活动,也不尊重其他同学。可见赵峰的发展是不全面的,是不符合素质教育要求的。

判断

上述材料中教师的做法不符合素质教育观对人的全面发展的要求,无法促进学生身心各方面的全面发展。

观点

素质教育观要求教师面向全体学生,注重培养学生的创新精神和实践能力,使每个学生在德智体美等各方面的素质都得到全面发展。

阐述

材料中的教师仅仅注重对赵峰进行智育,且以学习成绩作为评价学生的唯一标准,这种做法使赵峰发展片面,不利于其德智体美等各方面素质的全面发展。

此外,教师仅对成绩优秀的学生进行表扬,面向的是少数学生,这种做法不符合素质教育提出的要面向全体学生全面发展的要求。

如果我是赵峰的老师,我会坚持贯彻素质教育观和"以人为本"的学生观,面向全体学生,五育并举,促进每一个学生德智体美等各方面素质的全面发展。

在教育教学过程中,应尊重学生的主体地位,使他们成为学习和发展的主体。教师应对学生实施多元化评价、发展性评价,不应以成绩作为评价学生的唯一标准。

(上海市曹杨第二中学提供)

5. 不肯补作业的学生

有个叛逆的男生小Z，他常常对课堂内容发出一声冷哼，作业总是不交，考试永远都是垫底。一次考试后，语文老师愤怒地冲进了教室，当着其他同学的面细数了小Z的种种"罪状"，将他开了无数天窗的默写试卷展示在全班同学面前，并咆哮道："站在门口把作业补完，否则就别进教室上课！"小Z与老师对峙了许久，就是不去补作业。教室的气氛凝固了，老师撂下一句话"等你出去补作业，我再开始上课！"

然而这样的小Z在几乎所有副科老师的眼中却是一个典型的好学生。

请运用现代教育理论谈谈你对该案例的看法。

分析

教师虽站在讲台的制高点，却是在审判学生，教师对学生的片面认识和评判是矛盾的根源。

判断

案例中教师的做法显然是错误的。叛逆的孩子往往自尊心特别强，而该教师却在大庭广众之下对其进行惩罚，没有平等地对待学生。归根结底，教师没有真正地认识和了解学生，没有用发展的眼光来看待学生。

观点

不要仅仅在意孩子一时的成绩，更应该从长远的角度考虑孩子的发展，这些表象的背后实则是孩子还不完善的个性，教师应该引导他发挥自己的强项。只有尊重学生，帮助其找到属于自己的位置，才能发挥出学生的潜能。

阐述

孩子表面的叛逆其实源自内心的极其渴望，渴望被关怀、被关注。

生涯理论告诉我们不要只用眼前的成绩来判断孩子的好坏，而要用发展性的眼光来看待学生。教师首先要尊重学生；其次要深入了解学生，发现学生的闪光点；最后要心平气和地与学生对话、分析，从各方面帮助学生了解自身，引导学生找到属于自己的位置，发挥出潜能。

课堂上的教师虽然站着，但往往没有与学生站在一起。只有教师放下身段，深入学生平时的学习和成长中，才会发现原来每个学生都有着他们的困难和迷茫，更有着他们的热情与渴望。要用公平、善意的眼光去发现学生，做一个善于制造机会的教师。

（上海市回民中学提供）

6. 网络的规矩

艺术课的结业作业是递交一份影视作品。×同学及其组员就学校一系列的问题拍摄成了一个短片，于是一部"史无前例"的《反抗》应运而生。《反抗》描写的故事发生在"DBWY"中学，学生因为对中饭伙食不满意、操场篮球架久坏不修等问题迟迟得不到解决而进行了罢课反抗。短片里的他们摇旗示威，静坐抗议，好不热闹。

×同学颇为得意自己的这一"恢宏巨作"，不久便将短片上传到网络。之后的故事却远远超出×的意料，因为网络是没有秘密的。没多久，"DBWY"的故事马上在网络上传开了，有网友根据短片背景发现这是一所颇有名气的高中，于是开始质疑这所名校是否真如短片中反映的那样——校园设施破旧不堪？老师和学生真的展开了一场激战？评论漫天袭来，事态完全不在×的控制之内。

×所在班级的班主任很生气，似乎这孩子是闯了弥天大祸，把事情闹得如此严重，给学校造成了极为不好的影响，她强烈责令×立刻删除视频。

你认为案例中教师的教育方式有问题吗？

分析

案例中的突出矛盾有两个，分别是行为规范和网络德育之间的矛盾，以及粗暴指责与温柔鼓励之间的矛盾。

判断

案例中班主任的教育方式是粗暴的。第一，她执迷于表象而偏离了对网络德育这一本质问题的关注和探究；第二，她对学生实施雷霆万钧的教育行为，忽视了师生之间平等的主体地位。

观点

教育孩子最好的方法是鼓励他们的好行为，教师应该拿起鼓励、赞美、肯定、理解的工具，去增强学生的网络道德素养，提升学生的网络道德水平。

阐述

案例中这一事件的发生有其深刻的时代特点，那就是网络化时代学生的德育问题。通过这次事件，足见网络力量对学生、对学校、对社会的强大影响。

由于网络的开放性和自主性，信息可以快速地复制、传播，青少年可以在虚拟的网络世界里自由地发表和宣泄情绪，这种新型的沟通和交往模式，往往会使得参与者处于一种责任失重的状态。在此背景下，教师要积极地引导学生，增强学生的网络道德素养，提升学生的网络道德水平。

学生视频中反映出的问题，不仅不能将其视为学生对学校的"背叛"，反而应当意识到这是学生关心校园事务，将极大的生活热情注入课业中的体现。学生的这种人文精神值得教师肯定。

至于视频的存删，应当是在师生平等协商的前提条件下，使学生认识到网络舆论对母校名誉的损害，从而自觉自愿地消除失当行为产生的不良影响。

教师只有用自己的言行，在学生心中播下尊重和宽容的种子，对学生和学校而言才是终身受益的。

（上海市市西中学提供）

7. 谎言的"面子"与"里子"

午间室内操时，A老师去班级巡视。刚到教室门口，行规检查同学就上前"告状"："小B同学做操不认真，不做眼保健操还趴着睡觉！"于是A老师上前问个究竟，小B说自己身体不适。这时任课老师走进来，A老师就小B的病况和任课老师打了招呼。

下午体育课前，A老师又奔往教室探望小B，不料小B不在，逗留在教室的同学说小B去上体育课了。"生病还坚持不请假，精神可嘉！"下午放学后，A老师路过乒乓房，朝里一瞥，那不是小B吗！只见这孩子，精神抖擞，生龙活虎，旁边围了一圈同学，不时地叫好。

见此情景A老师径直走去。小B见是班主任，神情紧张，手一软，乒乓板居然"哐啷"落地。

"没事的，我一看就知道小B是个高手。来吧，开球！"A老师平时也是乒乓球爱好者，和孩子"对峙"片刻，心里还是很有把握的。

三局下来，A老师胜了两局，小B则挽回了保留面子的一局。

"小B同学是带病打球，不然还可以胜我一局。"A老师笑道。

众人皆笑，小B低头不语。

"好了，期中考试后，我会帮小B陪练，争取打败那个'年级第一'，不过眼下同学们应该为期中考试全力以赴。"

众人散去后，小B承认是因为这些天迷恋乒乓球，影响了正常学习和班级行规。A老师没有批评小B，小B主动和老师约定了目标："把挑战强者的这股劲暂时迁移到期中考试上。"小B说道，脸上洋溢着兴奋和真诚。

请用现代教育理论评价该案例中班主任的行为。

 分析

当发现自己信任和关心的学生既触犯了学校的行为规范又对自己说了谎话，班主任的正常反应是生气、失望。遭遇如此情形，面对这样的学生，班主任又该如何去应对？上述案例中，A老师的处理方式也许是一个很好的启发。

判断

作为一个理性的班主任，面对任何情况都应保持冷静和理智，力求做到从容有余，不怒自威。一种理想的教育方法，必须是果断而艺术的。案例中 A 老师在明了实情后，采用宽严相济的方法，找准机会，言传身教，最后让孩子心悦诚服地修正自己的偏差行为。如果教师能以点带面，对其他学生也产生辐射教育，就能实现教育效果的最大化了。

观点

处理类似事件，首先教师不能处置过于严厉，尤其不能在公开的环境下让孩子下不了台。因为教师的"霸道"会让青春期的孩子滋生逆反心理，使师生关系出现裂痕，师生之间一旦产生隔阂，教师再行施教便易徒劳。其次，教师也不能置之不理，无原则的宽容妥协会让孩子感觉班主任软弱可欺，长此以往，底线尽失，班级形势便易"失控"。

阐述

在上述案例中，当班主任发现学生连续而异常的违规行为时，并没有直接发难，而是秉持信任的态度，先问明情况。当孩子谎称"生病"后，班主任又从精神和行动上表示出了关爱。最终却发现孩子是因为求胜心切，迷恋运动，导致身心疲劳而影响了正常学习，并且学生为了掩饰真相对班主任撒了一个不大不小的谎。

面对这一"骗局"，班主任没有佯装不知，放他一马，指望其幡然醒悟，也没有采取霹雳手段，一顿呵斥，让其当众出丑，而是保持风度，因势利导，利用孩子的好胜心和自己的运动特长，在一番乒乓球的对峙中，完成了教育的过程。

教育的效果是良性的，以情动人，以理服人，化冲突为感动。教师让小 B 主动检讨，自觉远离行为偏差的"红线"，同时也让大家察觉到学习的紧迫性，应该把精力迁移到期中考试的复习中。最后，小 B 保住了面子，保持了锐气，也认识到了错误，感觉到了希望。而班主任强大又不失温情、严厉又不失友爱的形象也很自然地在学生中树立起来。

其实，教师实施教育的机会无处不在，无时不有，关键是方法和应变。方法需要积累，应变可以锻炼。教师的驾驭能力就是在一次次的教育机会中培养起来的，而教育的前提是我们对学生的负责和挚爱。

专家点评

整个案例叙述完整细致，文中教师的做法可圈可点。

（上海市控江中学提供）

8. 能没收学生手机吗

学校开运动会，要求除运动员之外的所有学生都在看台上。我在教学楼巡视时，发现教室里有几个学生，个别学生在玩手机，其他的在做作业，还有两个正巧进教室。

他们是利用运动员的身份在比赛完之后回到教室，其中也有学生利用间隙完成艺术课拍微电影的任务。我分别对他们进行了教育批评，然后没收了他们的手机。没想到前面在做作业并没有参与玩手机的学生突然对我没收手机的举动表示质疑。一时之间，我很尴尬……

请你运用现代教育理论对这一案例进行评析。

分析

这位同学的说法不无道理。在许多教师看来，没收学生手机是再正常不过的教学管理手段，然而，这种看似再正常不过的行为，却违反了国家的四部法律，分别是物权法、教育法、教师法以及未成年人保护法，情节严重者算是侵犯学生的隐私。

判断

案例中教师的做法显然缺乏法律依据，很难服人，教师的问题在于没有正确的法律意识。

观点

依法治校是学校建设的重要组成部分，教师应当增强法律意识，掌握一定的法律知识，这样才能更好地服务于学生。

阐述

人身权和财产权是公民具有的两大基本权利。

毫无疑问，学生对自己的手机等个人物品享有法定财产权，任何组织和个人都不能随意剥夺。对于学校没收或者暂扣、毁坏学生财物以及罚款等行为，学生可以依据我国教育法寻求法律援助。该法第四十三条第四款规定，"受教育者享有下列权利：对学校给予的处分不服向有关部门提出申诉，对学校、教师侵犯其人身权、财产权等合法权益，提出申诉或依法提起诉讼。"

那么，如何解决学校管理权与学生财产权之间的矛盾呢？

一方面，校方没收或者暂扣学生财物的行为，初衷是出于管理的需要，学生在课堂上使用手机的确会对教学秩序造成一定影响。上课时若手机响起，整堂课都会受影响，教师在上课的过程中发现学生在下面玩手机，讲课的情绪也会受影响。

另一方面，手机作为学生的个人财产，当然也应受到法律的保护。并且手机作为现代普及的通信工具，也正逐渐成为家长和孩子之间保持联络的重要工具。因此，学校在教学管理中应尽量避免采用粗暴的管理方式，应当严格依照法律规定来解决学校管理权与学生财产权之间的矛盾。

比如，在禁止学生使用手机这件事情上，校方完全可以采取将手机送还家长等方式，而不是简单地没收或者暂扣。另外，可以将手机的使用写入班规，在获得全班通过之后形成公约，通过集体的力量约束学生对手机的使用。

（上海市建平中学提供）

9. 换座位

上学期被高一（1）班孩子们的"换座位"问题折腾得够呛，这学期开学我就宣布本学期不再调整座位。

"老师,我想要换座位。"开学一周后,一个女孩和我说。

"为什么?"我有些生气。

她犹豫了一下:"我不想挨着 D 坐了。"

"为什么?"我有些不耐烦。

她又犹豫了一下。

"A 不让我和 D 讲话。"她又瞟了我一眼,慢慢低下头。我知道 A 是她的闺蜜。

"A 喜欢 D,所以我和 D 讲话 A 就和我生气,我俩因为这件事老是吵架。"

"你不和 D 讲话不就行了?"我有些不以为意。

"可是,有时他和我讲话啊。我们讲话都是关于学习或活动的事情啊。"

我忍不住笑了,她看我笑,瞪圆了眼,脸颊都急红了:"老师,我难过了,你还笑?"

"好了!人不大,事情不少,说好的本学期不换座位就不要换了。"

请你对该教师的教育行为进行评析。

 分析

表面上是换不换座位、能不能换座位的问题,实质上却是师生关系长期不和谐、不平等,师生之间不能换位思考造成的矛盾。

判断

案例中教师的做法有很多值得商榷的地方,教师言行的根源在于没有建立起民主平等的师生关系。

 **观点**

在和谐、平等的师生关系中,教师和学生在人格上是平等的,在交互活动中是民主的,在相处的氛围上是融洽的。它的核心是师生之间心理相容,形成师生真挚的情感关系。

阐述

韩愈《师说》有云："是故无贵无贱，无长无少，道之所存，师之所存也。"构建和谐、平等的师生关系是时代发展和教育改革的必然要求，从古至今概莫能外。

孩子能够主动地向老师提出换座位的申请，其本质还是尊重老师，是合理表达民主诉求的体现，但是案例中的教师"宣布本学期不再调整座位""说好的本学期不换座位就不要换了"等言行还是一种高高在上的姿态，"有些生气""不以为意""忍不住笑了"等表现对学生的心灵也不断造成伤害。

今天的学生民主意识越来越强，但是部分教师却踟蹰不前。与其这样，为何不"放开手"让学生讨论一下为什么频繁换座位，有什么好的解决方法；为何不"蹲下来"认真地倾听孩子们的心声，认真地对待他们的情感诉求；为何不"静下心"尝试对学生进行疏解和指导，让换座位成为师生之间化解矛盾、增进了解、构建和谐民主关系的良好契机。

（上海市松江一中提供）

10. 如何应对男女生差异

一名工作五年的青年男教师，年轻有为，前程似锦，但最近总是垂头丧气。细问之后，他诉苦道，自己一向平等对待每位学生，可是有很多同学在评教中认为他重女轻男。有一次，一个学生当众指出他对女生特别好，情急之下，他连连反驳，结果弄得双方都很不愉快。

该老师至今仍想不通，女生在心理、生理和个性特征上都异于男生，让女生干点细致活，让女生在有"情况"时免于做操，在女生哭鼻子时给点安慰，怎么就成重女轻男了？

你认为该案例中存在哪些教育问题？

分析

本案例的关键点在于师生的思维触点各异，教师有教师的"江湖"，学生有学生的"江湖",在教育过程中,面对同样的现实场景,当师生双方不能"一统江湖"时,就必然会产生矛盾,不管错在哪方,教育的效果都难以达成。

判断

性别差异是客观存在的,也是教育必须面对的问题。班主任根据男女生不同的心理特点开展教育活动无可厚非,尊重个体差异本身就是因材施教。然而学生没法理解,因为他们关注的是共同点。

观点

应该让学生理解个体之间的不同,尊重男女生生理和心理上的差异。

阐述

教师看中的是差异,而学生关注的是共同点,冲突产生之后,如果教师不加以引导,矛盾必然会激化,甚至会影响整个班级的建设。教师可以采取以下行动。

(1)适当地开展男女搭配的集体活动,如大扫除、拔河比赛。在男女搭配的小组活动中,男女生可以相互取长补短,互帮互助,从而更好地了解对方,为学生认识到"男女有别"打下良好基础。

(2)上一节"男女有别"的主题班会活动课,让学生自己搜集有关男女不同心理和生理特征的材料,并穿插一些生动活泼的娱乐节目。

(3)传授一次相关的教育学、心理学知识。通过学习,让学生明白教师"因材施教"的好处,理解教师的良苦用心。

(4)举办一次"假如我是男生(女生)"的小征文活动,让学生进行角色换位,以便更好地体谅异性。

(上海市青浦高级中学提供)

11. 戴耳钉引起的纷争

某位女生佩戴耳钉上学，这是学校禁止的行为。班主任当即让这位女生把耳钉摘下来给她，结果女生却不理不睬将耳钉放在桌角。随即班主任把她叫到门外，问她是否心情不好，她说没有，然后班主任问为什么以这样的态度对待老师，结果她很不服气地说自己说话就是这样，后来俩人就在走廊上发生了争吵。

调查后发现，该女生因与同寝室的同学相处不融洽，才导致了情绪失控。

请分别从教师和学生的角度，分析双方的行为。

分析

作为班主任，在与学生交往的过程中碰到倔强顶撞老师的事不可避免，学生顶撞老师的原因一般有以下几种。

（1）有个性的学生表现出难以驯服的态度，对老师有自己的判断标准。

（2）学生觉得老师太严厉苛刻，总是和自己过不去。

（3）处于青春期的学生自我形象意识很强，要面子，觉得老师的批评挫伤了自己的自尊心，造成叛逆不服。

判断

案例中师生都有做得不对的地方。

观点

（1）教师应提前洞悉生生关系，尤其是寝室同学的关系和睦与否。

（2）教师应在情绪过激时，自我控制情绪，避免与学生争吵。

（3）教师应在尊重学生的前提下，晓之以理，劝诫学生遵守学校纪律。

（4）学生遇到无法解决的寝室相处问题应及时向老师寻求帮助。

（5）学生不应该顶撞老师，并将对寝室不和的情绪发泄在老师身上。

高中

管理篇

阐述

首先，对于教师而言，应在单独相处的情况下，向学生讲解学校规定不能戴耳钉，晓之以理；不应该在全班面前严令学生，导致学生觉得挫伤了自己的自尊心，使事情恶化。其次，教师没有及时洞悉寝室同学的人际关系，如果发现及时，就可以避免一次冲突。教师要以宽阔的胸襟包容顽劣的学生，帮助他们冷静分析和处理问题，巧妙化解师生冲突。

对于学生而言，寝室不和睦的情况可以及时和班主任沟通，双方应避免在情绪过激的情况下争辩。

（上海市青浦区第一中学提供）

高中

沟通篇

半大不小的高中生，他们积极热情而又敏感叛逆，如果学生犯了错，教师只是主观判断，不问青红皂白就一顿猛批，很容易引发矛盾和对抗。每当学生和家长、老师发生摩擦时，沟通的艺术就充分体现出来了。

幼儿园　　　　小　学　　　　初　中　　　　**高　中**

沟通篇

1. "为什么你们都不相信我"

陈同学在课上顶撞老师，影响了全班上课的秩序。

班主任见到陈同学时，他脸涨得通红，小声嘟囔着。班主任怒气冲冲地说道："你顶撞老师还有理了！你看看自己还像个学生吗？你要是不承认错误就不要进教室，实在不行让你家长来一趟。"陈同学眼里全是泪，叫嚷着："为什么你们都不相信我，这不是事实……"班主任不耐烦地挥挥手令他去办公室。

请你运用现代教育理论对该班主任的行为进行评析。

分析

其实，这次师生矛盾本来是可以化解的，但是班主任没有很好地倾听学生，这是造成误解和矛盾的根本原因。

判断

经过调查，该学生并没有顶撞老师。在老师分析试卷时，他因自己考得太差，就故意把试卷扔在墙角处，老师走到他座位边提醒他时，他正弯腰拣试卷，老师就误解了他。之后班主任也没有给他解释事情经过的机会……案例中的老师特别是班主任都比较主观，没有站在学生的角度看问题，没有建立正确的学生观。

观点

教师要努力建立相互信任的师生关系，营造和谐的班级氛围。
全面了解事情经过是解决任何问题的先决条件。

阐述

很显然，学生犯错误时，他们迫切想得到老师的宽容、理解和帮助，如果老师对犯错误的学生大声训斥、严厉批评甚至暴跳如雷，说出有损教师形象的话，那么只能使学生反感，形成逆反心理，或是自暴自弃，甚至产生其他不良后果。

面对学生的错误，如果教师能够更冷静、更理智，听听学生内心的感受，或许就可以在不经意间触及学生的心灵，让他们明白错误也是一笔财富，人总是在不断改正自己错误的过程中逐渐走向成熟，走向自我完善。宽容学生的过失并不是姑息迁就犯错误的学生，而是采取和风细雨的方法督促其改正，从而体现出教师的博大胸怀。

这时候，班主任不妨让该学生在对面坐下，轻轻地对他说："我不相信你会顶撞老师，我相信你说的，能否告诉我经过？"这样，对学生的尊重和呵护就会换来学生的信任，问题的解决就变得简单了……

（同济大学第二附属中学提供）

2. 被学生怼了

自习课上，我发现角落里的小 A 竟然在摆弄手机。
"把手机交给我。"在教室里我气急败坏地说道。
"为什么要给你？"小 A 脱口而出。
"你是在质问我吗？"我提高了嗓门说，"难道你不知道不能带手机进校吗？你还在课堂上玩手机！难道不应该把手机交给我？"
"我没有玩手机，是我爸爸发短信问我几点放学。"
"你爸爸问你几点放学？开学那么久，难道你爸爸不知道几点放学？"
"是的，他不知道。"
"你在说谎！"
"我没有！"
"那你把手机给我，让我看看是不是。"
"不给，为什么要给你？"
请谈谈你对案例中教师行为的看法。

 分析

交不交手机其实并不是引起师生冲突的根源，中学生强烈的自我意识和自尊心与教师权威的思维习惯的冲突才是师生间矛盾产生的根源。

幼儿园　　　　小　学　　　　初　中　　　　**高　中**

沟通篇

判断

案例中教师的做法没有考虑到教育学生的特殊环境和高中生的心理特点，没能把握住教育学生的有效时机。在解决问题的过程中，仅仅是教师自身情绪的释放，而不是理性的判断。

观点

在师生关系中，教师与学生应处于平等地位。即使学生犯了错，教师也不应该以居高临下的姿态，站在道德的制高点来责罚学生。这样的责罚或许能起到一时的效果，但并不能真正让学生明白自身的错误。

阐述

作为班主任，特别是年轻班主任，往往会意气用事，采取"以硬制硬"的方式解决问题。这种方法仅仅是让学生不敢犯错误，而不是不犯错误，不仅达不到教育学生的目的，而且会对学生造成伤害。

如果这个时候，教师能先克制自己的情绪，让自己冷静下来，把问题放一放，不急于一时把问题解决，以后找到合适的机会再来解决，或许会有更好的结果。

教师应该明白教育的对象是有血有肉、有情感、有头脑的人，正是这样他们才会犯错误。其实，错误本身并不可怕，可怕的是师生对待错误的态度。

专家点评

高中生的自我意识比较强，容易和教师发生类似的摩擦，这种时候"以硬制硬"是极不理智的做法。教育学生，环境选择很重要，合适的方法也很重要。

（上海市嘉定区教育学院提供）

3. 不放心的母亲

"程老师,小军今天回家很晚,他告诉我说是因为你帮他补习功课才这么晚。我怕他出去打球,所以打个电话问一问。"

我温和地对小军妈妈说:"小军最近学习很努力,他觉得自己在英语作文方面还有些薄弱,所以特地来找我给他辅导一下。你放心吧,他说的是实话。"

"哦,这我就放心了。程老师,你不知道哦,他经常骗我。出去和朋友打球,回来就对我说是去复习功课了。这种情况都被我发现好几次了。"

请对案例中家长和教师的行为进行评析。

分析

对于即将成年的高中生来说,最渴望得到家长和老师的信任。虽然随着社会的发展家长的受教育水平在逐渐提高,可是像小军妈妈这样并没有真正关注到孩子的成长变化而只是一味焦虑的家长仍旧为数不少。

判断

案例中的家长不善于倾听孩子内心的感受,不信任孩子,对孩子的期望值过高,造成一定程度上的亲子冲突就在所难免。案例中教师的做法很得体,加强对家长进行家庭教育指导是教师的职责所在。

观点

班主任要具备指导家长开展正确家庭教育的能力,需要修炼这方面的素养。班主任与家长谈话时,准备充分是有效教育的前提,谈话技巧是有效教育的保障,后期巩固是有效教育的延伸。谈话教育之后,在有些对象身上能起到立竿见影的效果,但有些对象可能又会重复出现以前的问题,因此加强后续教育工作非常重要。

阐述

班主任老师和小军的妈妈一直保持着联系,探讨适合小军的教育方法。当小军在学习和生活中出现问题时,程老师也会帮助小军的妈妈一起与小军沟通,帮助小军调整心态。

家庭教育指导是一个持续的过程,需要教师长期的投入,并且家庭教育是面对学生个体的行为,教师的指导要有针对性才能达到期待的效果。

(上海市黄浦区卢湾高级中学提供)

4. 乘电梯引发的争执

学校有规定,在读学生如无特殊原因不得乘电梯,其中一条被允许乘坐电梯的情况是课代表来回送作业,而其余非常规的特殊情况由班主任酌情处理。

一天,高二某班的班主任让几个男同学去顶楼搬书,因情况紧急,于是老师说:"可以坐电梯,但是上楼不可以,下楼因为要搬书可以乘电梯下来。"几个男生急忙跑出去,只有一个男生留下来,他说:"老师,为什么下楼可以坐电梯而上楼时不可以?"老师回答:"因为下楼负重,为了照顾服务大家的你们,所以可以乘坐电梯。"这名男生又问:"难道上楼拿书就不是服务大家吗?"老师厉声训斥道:"你只需要执行就可以了!"男生也着急起来:"不合理的规定为什么要执行,我不去!"

请你运用现代教育理论对该教师的行为进行评析。

 分析

乘不乘坐电梯其实没有那么重要,正处热血青春期的男孩子并不是怕累而不愿意爬楼,且从对话中也看出男孩子并非不愿意为同学服务才不上楼搬书,而是教师对规则解释的不明与高中生"凡事要说法"的强烈理性逻辑诉求之间产生了矛盾。

判断

案例中教师的做法欠妥:一是,教师对于乘坐电梯的规则解释得不清楚,刺激了有强烈理性诉求的高中生的反抗心理;二是,教师的厉声训斥是权威遭受到挑战后的武断表现，不够尊重学生的想法。

观点

教师要将高中生作为独立自主的人来看待，尊重他们的想法并允许不同声音的发出，以保护学生的独立性和批判性。对于高中生，教师要尽量用理性的力量去引导，而非武断地命令学生。

阐述

高中生正处于自我意识高涨的时期，主要表现为作为独立成人的意识和反抗权威意识的觉醒。这时的高中生会由原来默认老师的规定变为站出来问"为什么要这样做"，这种心理是从规则遵从者到批判者的角色转变的正常过程，应该予以保护。

教师首先要尊重学生作为独立自主的人的人格，将与学生的对话视作平等个体间的对话，这样就不会觉得学生不去搬书是在忤逆自己，也就不会出现"你只需要执行就可以了"这样的强权话语。教师要允许不同声音的出现，先保留学生的想法，再基于学生的立场思考，最后作出解答。

与此同时，教师要关注到学生的思维发展也逐渐趋于成熟，尤其是抽象逻辑思维日益占据主导地位，对所谓"合理"的诉求特别强烈。案例中男生的分析并没有错。如果为同学服务可以乘坐电梯，而即使空手上楼也是因为为同学服务才产生的行为，那么上楼为什么不能乘坐电梯呢？这种情况下，教师要么同意比照课代表使用电梯的规则，即承认他的正确，让他们乘坐电梯上楼；要么告诉学生搬书不是电梯使用规则范围内的常规事件，而属于班主任可以酌情处理的范围，然后告诉他，只有在为同学服务而产生负荷自重之外的重量时才可以使用电梯。

总之，在劝导学生时要注意说理的前提和说理前后的一致性以及层层推进的逻辑性。如果教师能够"以理服人"，不仅可以消除学生的逆反情绪，可以在一定程度上树立学生的规则意识，说不定还可以促进学生抽象逻辑思维的发展。

（上海市格致中学提供）

5. 班主任需要加入家长群吗

有这样一个问卷：班主任需要加入家长群吗？

绝大部分家长都盛情邀请班主任。理由很充分——老师加入家长群更方便联系工作，家校沟通共同教育，更重要的是可以及时地了解孩子在校的表现。

而几乎所有学生都对此强烈反感："有了群，我的考试成绩和名次自己还不知道我爸妈就已经知道了。"

如果你是班主任，你会怎么做？

分析

对"班主任是否加入家长群"这个问题，家长和孩子之所以表现出截然相反的态度，是因为他们在两个完全不同的表达系统里。家长一直以来都扮演着"保护者"的角色，他们的行为都出于对孩子的关怀和爱；而高中生已经有相当强的自我意识，他们的诉求在于保护自己的隐私，争取"为自己做决定"的权利。双方都在为自己寻求一个有力的同伴，那就是班主任。

判断

在这个案例中，班主任的做法并不是选择某一阵营"站队"，而是找到矛盾的核心：孩子们反感的不是家长的观点，而是家长"什么都要干涉"的态度。对于班主任加入家长群，孩子们并不害怕家长了解自己的在校情况，而是感觉班主任和父母成了"一丘之貉"，渐渐会对班主任产生戒备心理。

观点

学生是学习的主体，无论什么形式的爱与关心，都必须建立在尊重学生的基础之上。唯有尊重学生的个性和诉求，才能使学生的身心得到全面发展。即便是以"爱"为名，粗暴的干涉也不如安静的陪伴。

阐述

高中生已经有很强的自我意识，有自己的表达习惯。家长却有家长的焦虑，他们渴望第一时间了解孩子的困难并及时伸出援手，但这也剥夺了孩子自己去面对世界、接受挑战的权利。

班主任不妨向家长解释不加入微信群的原因。

（1）学校的官方通知平台会下发书面通知给学生和家长，也有官方网站、以电话和短信建立起来的班级消息树等更确切的渠道来保障。

（2）各家孩子情况不同，比起人多口杂的家长微信群，一对一的联系会更有效也更常用。

（3）家长和老师对于孩子来说是两个不同的角色。大人们与其粗暴地去"入侵"孩子们的领地，强行要和他们"打成一片"，还不如做一个安静的陪伴者。

在孩子成长的路途中，他们有想要和班主任老师分享的故事，也有愿意和家长分享的心情，他们会有班主任老师的微信，也会每天和父母一起吃饭聊天。他们会明白，父母和班主任老师在他们的生活中扮演着不同的角色，但有一点是共通的——他们都是最愿意帮助自己的人。

（上海市复兴高级中学提供）

6. "丑小鸭" 情结

"老师，小徐又没有吃饭！她几乎每天都不吃饭。"听着同学们七嘴八舌地打小报告，老师不禁有些恼火。这孩子，仗着家里条件好就嫌弃食堂的饭菜，该好好找她谈谈了。

谁知，老师刚开口问小徐"你今天午餐吃了什么呀？"她就伤心地哭诉起来："老师，我没有吃饭，因为我太胖了！我爸爸很瘦很高，可是我很胖很矮；我妈妈很聪明，可是我很笨；我妈妈皮肤很好，可是我脸上都是痘痘……我遗传了爸妈所有的缺点，我又丑又笨……"面对她的哭诉，老师有些束手无策，只能简单地说："不吃饭能解决这些问题吗？以后不可以再这样了！"

面对如此自卑的学生，假如你是老师，你该怎么办？

幼儿园　　　小　学　　　初　中　　　**高　中**

沟通篇

分析

　　青春期体相问题,又称"丑小鸭"情结,通常指青春期的孩子担心或误认为自己比别人差,而产生焦虑紧张、烦躁不安等情绪,最终发展成自责和自卑心理。如果家长和教师不明所以,只是对其简单地说教、讲道理,显然是"药不对症"。教师应该通过各种方式把孩子的注意力牵引到其他有意义的事情上去,从而削弱因为体相问题而造成的负面影响。

判断

　　案例中教师说教式的教育方式过于简单,即使学生迫于压力勉强服从,但并不能解决根本问题,显然不能起到良好的效果。

观点

　　青春期的学生面临着各种成长烦恼,他们很容易叛逆,不愿意接受老师善意的提醒,更不能接受批评教育。教师应该改变以往简单说教的教育方式,设身处地地为他们着想。

阐述

　　青春期体相问题是青春期学生面临的困惑之一。教师应该如何妥善地处理这个问题呢?
　　(1)理论学习明道理。
　　从"遗传和变异"这个角度,让学生理解父母遗传给孩子的除了外貌还有其他各项生理功能,如健康的身体、聪明的大脑、顽强的毅力等优良品质,这些品质比外表更让人终身受益。
　　(2)校园活动展自信。
　　鼓励学生参加学校的各项活动,如校运会的拔河比赛、实心球比赛等,让他们在赢得比赛胜利时体验成功的喜悦,逐渐克服自卑心理。
　　(3)家校合作促健康。
　　与家长进行交流,希望他们经常和孩子谈心,了解孩子的困惑,帮助孩子排忧解难。同时,提醒家长在饮食方面注意营养均衡,督促孩子积极参加体育锻炼，保持良好的体型，帮助孩子重拾信心。

（上海市辽阳中学提供）

7. 为什么背不出来

小 Z 同学是班上的数学课代表，理科成绩非常优异。可是刚开学，英语老师和语文老师就来"告状"。这两门学科的笔头作业，小 Z 经常拖拖拉拉，背诵与默写情况也十分糟糕。

"为什么又不做英语作业，背书也不背？"老师气急败坏地问道。

"背了呀，背了一个星期也没有背出来，就是记性差。"小 Z 委屈地说。

"不要为自己找借口了，一定是没有认真背才背不出来。"老师急于打断小 Z，气愤不已。

小 Z 小声嘟囔："您又不了解情况！"

请分析该案例中教师的行为。

分析

小 Z 没有完成作业并不是师生冲突的源头，教师对于学生困难的处境和困难的原因了解不够，才是这个案例中矛盾产生的根源。

判断

在案例中，教师缺乏与学生深入沟通的耐心。教师的问题在于没有从学生的角度出发，真正去发掘学困生学习困难的原因。

观点

学生是学习的主体，是学习的主人。教师关注学生行为表现的同时，更要关注学生产生这些行为表现的原因，这样才能真正帮助学生，助力学生的成长。

幼儿园　　小　学　　初　中　　**高　中**

沟通篇

 阐述

　　好学生总是相似的，学困生则各有各的困难。造成学困生学习困难的原因各不相同，他们的个性往往也千差万别，教师无法用同一种方式去教育他们。即便有不同的应对技巧，但技巧总有穷尽的一日，一旦有形的技巧失效，作为教师的我们还有什么办法呢？

　　案例中的小Z长期缺乏父母的关爱，主管背诵的感性思维没能得到适时的开发和发展，导致背诵所需的想象等功能缺失。背诵、记忆一直是他的软肋，特别是英文课文、语文古文之类需要感悟的背诵，他尤其不擅长。长期的偏科导致他出现"破罐子破摔"的心理，更加不愿意将时间投入到文科学习中去。在了解到这些情况后，教师对于小Z的行为或许会有更多同情和理解。

　　因此，在转化学困生的过程中，支撑学困生前行的或许不是教师的手段和方法，而是教师发自内心的爱与信任。

（上海市进才中学提供）

8. 由周记引发的思考

　　那天，班里有名的调皮学生Y又犯错了，他忘了带课本。我的火气一下就被点着了。好家伙，这还了得！上学不带课本，就跟上战场不带枪一样啊！我不仅在班上严厉批评了他，还要求所有学生晚上回家写一篇周记说一说这件事，发表一下自己的观点。

　　第二天，周记收上来了，我一篇篇认真阅读，仔细批阅。周记看过大半，大多数学生的观点大体一致，都是批评那个学生，不应该不带课本来上学。我心里暗自高兴，看来大多数学生的观点还是正确的，有明确"立场"。正当我暗自庆幸时，一篇字迹不太工整却又能看出是认真写的周记吸引住了我的目光，我看了一下名字，也是一个平时在班上调皮的孩子。

　　周记是这样写的："老师，今天Y没带课本是一件不好的事，您批评他是对的。但是老师，我下课时悄悄地问过他了，他不是故意的，他爸爸昨天晚上很晚回家，今天早晨起晚了，他慌慌张张跑到学校，才忘了带课本。我觉得既然他不是故意的，您就原谅他吧！另外，您不应该在班里当着那么多同学的面批评他。我们

都很希望您每天能笑着跟我们上课，陪我们说话，真的，不信你问问他们……"

周记写到这里，就算完了，后面是他列举的一些学生，也大都是一些平时老调皮，老挨我批评的学生的名字。看到这里，我有点坐立难安了，我陷入了沉思。

请你运用现代教育理论对该教师的行为进行评析。

分析

在教师做学生的时候，有没有忘带过课本？在教师上学的时候，有没有做错过事情？教师应当多换位思考，理性看待学生犯的错误。

判断

案例中教师的做法显然是在没有搞清楚前因后果的情况下进行了错误的判断，教师的问题在于看待学生的错误过于片面化，下结论过早，过于急躁。

观点

学生作为未成年人，犯错误是很正常的，当学生犯错时，要明确这是学生成长中的必然，这样教师就不会怒火冲天，也才能更加冷静地对待学生所犯的错误，细心地分析学生犯错误的原因并找出解决问题的对策。很多时候，冲学生发火并不能解决实际问题，简单的训斥、批评并不能奏效，甚至有时候还会使学生更反叛，把学生推向错误的道路。

阐述

班主任的工作对象是一个个有生命、有独立思考能力的人。班主任的一举一动都会投射到学生眼中，如果教师每天一到校就板着脸，那么学生的心情也好不到哪去。

相反，如果每天你微笑着走进教室，走进课堂，学生也会受到你的感染，情绪高涨起来。说实话，能让我思考到这一点的，正是我那可爱的学生们。我真的应该好好感谢他们，正是他们毫无保留的真诚，让我认识到教师的情绪真的很重要。

（上海市进才中学北校提供）

9. 一个"差生"的自白

一位女生在随笔中写道:"……说些心里话,真的很想要一瓶安眠药,然后无悲无喜……我不是文科生也不是理科生而是差生,学霸们不屑教我,嫌弃我太烦……我只能看着不会做的题,哭了半节课。人心冷暖,看不透。对人心只有失望,对生活只有无奈。"读着这些文字,作为老师真的很震惊。

面对这样的学生,教师应该怎么做呢?

分析

案例中的这个学生,面对自己的学习状况产生如此大的焦虑,甚至消极的想法,是非常可怕的,应该引起教师的重视,但主要原因还在于同学对她的态度。如果同学们能真心帮助她,不至于让她感觉到自己被嫌弃,相信这位女生也不会产生如此消极的想法。

判断

学生因为自己学习成绩差就产生自卑感,并认为同学嫌弃她,显然这是自我意识比较缺乏。"不屑""嫌弃"这样的词应该不是同学对她的真实态度,最主要还是她自己的自卑感在作祟,对自我缺乏正确的认识。

观点

自我意识,也叫自我认知(self-cognition)或自我,是一种多维度、多层次的复杂心理现象,它由自我认识、自我体验和自我控制三种心理构成。自我认识是指主我对客我的认知和评价,即自我认知和自我评价;自我体验是个体对自己怀有的一种情绪体验,即主我对客我所持有的一种态度;自我控制是个体对自己行为、思想和言语等的控制,即主我对客我的制约作用。每个人都应该正确认识自我,控制自我的行为、思想和语言,从而对自我产生正确的情绪体验。

> **阐述**

这个女生对自我的认识就是"差生",自我体验就是"失望""无奈",感觉"学霸们不屑教我,嫌弃我太烦"。她只看到了这些结果性的问题,从而给自己造成了很糟糕的情绪体验,她没有意识到自己上课爱走神、爱打瞌睡才是她题目不会做、学习不理想的根本原因。

她对自我的认识是不全面的,对自己的学习行为、语言和思想控制也是不理想的,她无法控制自己上课走神、打瞌睡的行为,无法自我约束提高听课效率,才造成了她的学习不理想。同学为什么会不愿教她,可能是因为她当时问的时机不巧,或是在问同学时用语不当,抑或是她经常动不动就问别人给别人造成了打扰。但是她不会考虑到这些,因为她没有正确的自我意识,她不会从自身寻找原因,于是只能在客观原因上入手。这样一方面可以给自己成绩差找个理由,另一方面也是一种自我推脱。

面对缺乏自我意识的学生,教师应该引导他们正确认识自我,找到自己问题的根本原因,引导学生在自我行为和思想等方面有足够强的自律精神,能督促学生进行适当的自我控制。必要的话,教师在上课时也要适时提醒,慢慢地让学生形成自觉。

教师还应该给这名学生周边的同学做思想工作,让他们给她提供帮助,和同学一起进步。如果主客观两方面能相辅相成,相信会有成效。当然,最重要的还是让学生正确认识自我、控制自我,产生正确的情绪体验。

(上海市南汇中学提供)

10. 沉默的对抗

静谧的夜,暖暖的灯光,执笔批阅,墙上的时钟发出滴答滴答声。"又是他,怎么又跟别人写的一模一样呢?"一种恨铁不成钢的失望萦满心头,红笔赫然落纸——抄的?

第二天课前发放了作业本,上课讲解时,坐最后一排的他从上课开始头就一直低着,只做自己的事,老师气愤地说道:"××,你来讲下这道题的解题思路。""我不会。"他头都没抬。"不会吗?"无限的沉默……"马上放学了,待会儿来我办公室。"然而他并没有去。

第三天,他上交的作业本上用黑笔大大地写着"没有"。

请你运用现代教育理论对该教师的行为进行评析。

分析

学生是否抄了作业,教师不能只凭他的作业情况和以往表现就下结论,而且教师直接在学生作业本上做记录式的询问,会伤害学生的自尊心,损害学生对学科的学习积极性,容易引发师生的情感危机。

判断

案例中教师的行为不妥,教师应建立正确的师生平等理念。

观点

教师应尊重学生的人格,保护学生的自尊心和学习积极性,师生平等对话,构建融洽和谐的师生关系和教学氛围,有艺术地教书育人。

阐述

为何学生会抄作业?是因为作业布置过多、过难,还是由于题目无效使得学生应付交差呢?教师应该进行深入的反思,激发学生学科的学习兴趣和学习动机,同时教育学生做作业的意义和抄袭的坏处,并及时倾听学生对所布置作业给予的反馈建议,适当调整作业的内容和形式。

另外,教师的个人魅力也很重要。教师理性处理问题,可以让自己在学生群体中建立威信和良好的信任感。

因此,教师可以在第二天上课之前就找该学生,因为存在一样的作业的情况肯定有一些问题。而今,看着后来交上来的作业本,教师应马上主动去找他谈话,摸清实际情况,并向他道歉,在征得他同意的情况下,以他的事例为教育契机,向全班同学说明情况,激发同学们独立自主、积极向上的学习态度。

(上海市川沙中学提供)

11. 绝不服从

刘某，男，高一学生。学习成绩优良，理科成绩较突出。但是他性格倔强，自尊心特别强，逆反心理十分严重，经常和父母、老师发生冲突，有很强的抵触情绪。在家里，父母一旦不能满足他的要求，他就使性子，以赖在床上不去上课来抵抗，弄得父母无计可施，有时还得到学校请班主任才勉强解决问题。他在学校的反抗行为也很尖锐。每当老师批评他，他就眼睛直对老师，一副不服气的样子，甚至还和老师顶嘴。数学老师曾因他上课讲话点他名字，刘同学从此便专和数学老师作对，上课故意睡觉，不交作业。结果他的数学成绩明显滑坡，亮起"红灯"。班主任找他谈话，他一句也听不进去，典型是一个让家长和老师十分头疼的孩子。

请分析案例中该学生存在的问题。

分析

该生的叛逆行为是进入青春期的一种表现，许多青春期的孩子对大人都有一种逆反心理。他们往往把家长和老师的批评、帮助理解为与自己过不去，认为伤害了自己，因而会表现出严重的敌对倾向。

判断

该生心理问题的产生有多方面的原因，包括家庭教育环境不良、师生关系处理不当和学生自身情绪调控能力不强等。教师需要结合多方面的资源，对该生开展心理辅导，这样才能改善学生的心理问题。

观点

青少年特有的半幼稚半成熟的特点，使他们看问题容易产生偏见，以为与老师、家长对着干很勇敢，是一种英雄行为，因而盲目反抗，拒绝一切批评。

幼儿园　　小学　　初中　　**高中**

沟通篇

 **阐述**

　　顶嘴是逆反心理的表现，学生之所以产生逆反心理，主要是因为他们的认知与情感发生了矛盾。"心病还得心药治"，为此教师要加强对有逆反心理的学生进行心理辅导和心理咨询，加强对他们的心理健康教育，打开他们的心理症结。

　　学生的逆反心理并非是不可解的疑难问题，只要教师认真探索原因，找出其思想根源，然后用真诚的爱去感化他们，用恰当的方法去教育他们，必将收到良好的效果。

（上海市洋泾中学提供）

12. "乖乖女"的反抗

　　小倩从小学到初中都是乖乖女。她考入高中时，爸妈为奖励她的优异表现，买了一部手机给她。有一次，小倩忘了关掉某个网页，使得那个月的手机费用猛增。妈妈指责小倩用手机太多了，小倩本想与妈妈好好解释，但看到妈妈的态度，她脱口而出："我手机的费用是很少的，其他同学都比我多！"妈妈说："你还狡辩，手机我帮你保管1个月，学习进步了再还给你。"小倩心里觉得很委屈，但还是很不情愿地交出了手机。

　　接下来的几天，她回家见到妈妈就心情不爽，有一天妈妈要检查小倩英语课文的背诵情况，小倩说道："干嘛要背给你听，你英语又不懂的！"气得妈妈半天说不出话，指责女儿不听话，女儿说妈妈管得太多，两人发生了争吵。

　　请你运用现代教育理论（心理学）对该案例进行分析。

 分析

　　小倩在这件事上感觉受到了委屈，觉得母亲并没有真正了解事情的起因就批评她，而且之后也没有表现出要去了解这件事情的真实情况的举动，所以和妈妈发生了争吵。

247

判断

这件事情反映出双方心理需求的一种碰撞。作为高中生的小倩,有了更多自己独立的思考,开始渴望得到更多的理解;而母亲习惯了以前的小倩,希望她永远是一个父母说什么就是什么的"乖乖女"。

观点

作为孩子应当尊重父母的需求,体谅父母的教育方式,要学会通过沟通来让父母了解自己的想法,从而得到更多的理解。作为家长,在孩子成长的不同阶段,对孩子的心理预期和教育策略都应与时俱进,作出相应的调整。

阐述

在孩子的成长过程中,他们的性格特点、心理需求也会发生相应的转变。进入高中以后,孩子的独立意识和自我意识会更强。

对于父母而言,必须改变以前那种高高在上的姿态,也不能再指望孩子仍旧停留在"父母说一就是一,说二就是二"的状态上。父母必须"俯下身子",尝试倾听孩子的心声,了解孩子的需求,在处理有些事务时,多一些沟通,少一些简单粗暴的命令。

对于孩子而言,不能仅仅停留在以自我为中心的状态,想要别人尊重自己首先要学会尊重别人,包括尊重自己的父母。今后,在类似的事情上小倩要学会主动与父母沟通,让他们了解事情的起因,求得谅解。

(上海市松江第二中学提供)

13. 男生的矛盾

高三自修课,当堂作文。

小徐用笔不停地敲桌子,小王让他别敲了,但是小徐继续敲,小王冲到小徐面前,小徐站起来,伸出双手抓住小王的双臂,双方僵持不下。后来,俩人

幼儿园　　小学　　初中　　**高中**
沟通篇

被同学拉开，各自回到座位上继续写作文。

一小时后，小徐传给小王一张纸条，表示道歉。因为小徐发现小王上身靠在桌上，就问小王感觉怎样，小王说没事，双方和好。

三个小时后，小王左手臂疼痛难忍，医生诊断为左手臂脱臼。

班主任按常规程序处理此事。双方同学互相道歉，家长也表示理解。

请你运用心理学理论对该教师的行为进行评析。

分析

双方同学和家长的态度良好并不是事情解决的标志。高三学生因心理压力大而造成争斗的应对沟通模式，是本案例的关键所在。班主任可以通过他们事发时的应对方式、行动和表现来了解他们对自身价值感的知觉，进而促进他们的成长。

判断

案例中班主任的做法过于简单和表面化，其问题在于没有运用专业的心理学理论对孩子进行有效的干预。

观点

学生处理自身的感受时可以有多种应对方式，但前提是学会表里一致的沟通。面对学生冲突，班主任可以通过心理辅导，改变其应对模式，帮助他们降低防御，提升自我价值感。

阐述

"敲笔"是诱因，学生面对干扰不能静心学习而发生争斗，是一种"不是/就是"的应对姿态。事发后，双方采取"妥协"的态度，但是实质问题并未得到解决。班主任可以利用萨提亚冰山理论，关注他们的内在系统、人际互动系统和原生家庭系统，设置干预目标，找学生访谈，让他们学会表里一致的沟通方式。

班主任从结果上简单判断孰是孰非，事情表面上得到解决但可能会留下隐患。班主任应把工作重点转向过程，将内容作为环境背景使用，这样更容易探测到当事者受困的地方，进而通过帮助他们探索和接受新的可能选择来解决这一困境。

班主任的访谈干预可以从最简单的开始，通过还原当时的场景，梳理当事者的感受，帮助他们审视所看到、听到和感受到的一切。帮助学生澄清他们看到的和听到的东西，并且鉴别和反射出他们的感受。同时，班主任也需要不断地询问学生有何感受，而不是直接告诉他们，因为意义形成于内部而非外部的视角。

学生往往并不重视自己的感受，而是更多地相信他们眼睛看到的，凭着过去的经验判断，采取相应的防御方式。如果当事者对于某些意义的感受是此时此刻的体验，那么他仅仅需要决定如何处理这些感受，他可以选择多种反应和应对方式，但前提是学会表里一致的沟通。

（上海大学附属中学提供）

14. 我本不想旷课

某节音乐课后，音乐老师来找班主任反馈班上同学 A 和同学 B 没去上音乐课。

课间，班主任找来两位同学，严厉地批评她们："你们这样的行为属于无故旷课，是对任课老师的不尊重，同时学校也会将情况记录到你们的综合素质中，到时候就会影响到你们评优了。"

在接受了班主任严厉的批评教育后，同学 A 委屈地低着头说了一句："我们不是有意旷课的，是因为艺术节快到了，我们班的海报还没画好，我们课间在美术室画海报，后来才发现已经上课了，又不敢中途进去上课。"

请你运用现代教育理论对该教师的行为进行评析。

分析

学生旷课后，班主任及时找到相关学生，说明旷课的严重性，这个处理方法本身是没有问题的。但这个案例中，学生之所以会感到委屈是因为班主任在没有了解清楚她们旷课的原因、经过和想法的情况下，就对她们进行批评教育。

判断

案例中教师的做法过于片面，教师的问题在于没有建立正确的学生观，采取行动前没有了解问题的根源和本质。

观点

学生是学习的主体，是学习的主人。发生任何问题后，教师首先要了解清楚学生在这件事中的心理活动和行为想法，这样才能从学生出发解决问题。

阐述

高中阶段的学生，心理发展状况趋于成熟，各种意识强烈，对于如何处理不同的问题也已经形成自己的价值判断。所以，教师在处理学生违反校规或班规的事情时，首先要从学生出发，了解清楚学生对这件违纪事情的行为价值判断。当然，学生的价值判断可能并不完全正确，毕竟学生是发展中的人，但教师不能在不了解学生的情况下就将自己的价值判断和问题看法以批评教育的方式灌输给学生。这样不仅起不到教育的作用，而且会因误会扼杀学生某些正确的价值观。

在这个案例中，教师如果先了解清楚学生为什么不去上音乐课，发现她们是为了争取班级的集体荣誉而影响了正常上课，那么批评教育的方式也会相应改变——肯定学生的出发点是好的，指导学生采取正确的方式。

一方面，教师对于这两位学生关心班集体的行为予以表扬，同时可以鼓励班上的学生以她们为榜样，积极参与班集体活动，一起完成海报制作。

另一方面，对于这两位学生处理方法上的问题予以纠正，教育学生应当首先完成学习任务，建议她们可以利用午休时间参与班级活动，遇到任何问题自己无法处理时应该第一时间找班主任寻求帮助和建议。

这样处理，既不会抹杀学生的兴趣爱好和对班集体的热爱，同时也起到了相应的教育效果。

（上海市回民中学提供）

高中

素养篇

以下这些案例可以让每位教师思考,教师的基本素养是什么。学会倾听,因材施教,以身作则,不急躁,不武断……可能一个孩子的改变就在于教师一句不经意的话、一个不经意的举动。

1. 模仿家长签名

上课铃响了，同学们安静而又端正地坐好，等待着老师的到来。

老师一脸严肃地走进来，目露凶光地瞪着小A同学，生气地走过去，将试卷扔到他的桌上说："知识不多，能力倒是不赖。"

小A同学一下子涨红了脸，头也不敢抬起来。

"你这么厉害，能当自己家长，给自己签名，那以后家长会你也自己来参加好了！"老师继续不依不饶。

小A的头埋得更深了。

最后，老师走上讲台，大声地向全班同学说道："小A就是你们的反面教材，考试54分还模仿家长签名，小小年纪不学好，长大以后还得了！""小A，你给我把试卷抄三遍！"

小A偷偷地抹了抹眼泪。

你认为该教师的做法对吗？如果你是这位教师，你会怎么处理？

分析

学生的考试成绩是他的个人隐私，不可以告诉其他人，更不可以在全班同学面前冷嘲热讽，把他树立为反面教材。教师这样做会伤害小A的自尊心，打击他的自信心，容易使他产生逆反心理，进而厌学逃学甚至做出轻视生命的举动。

判断

案例中教师的做法显然是错误的，教师的问题在于没有尊重学生，伤害了学生的自尊。

观点

只有尊重学生，维护学生的自尊心，在关注学生学习成绩的同时，注重学生的身心发展，才能促进学生健康地成长、成才。

> **阐述**

孩子的心是敏感的，更是脆弱的，尤其是后进生的心灵更需要呵护。模仿家长签名这种行为，是孩子对自己成绩的不满意，也是对自己的不自信和对家长反应的恐惧。

遇到这种情况，教师应该私下找孩子单独谈话，耐心地询问其模仿家长签名的原因，努力走进孩子的内心世界。教师一方面需要保护孩子的自尊心，另一方面也需要引导孩子找到正确看待学习成绩的方法，而不是通过自己签名来逃避和隐瞒，要学会接受并且通过自身努力去改变现状。

考试成绩不佳的原因有很多，后续教师还应该陪孩子分析考试成绩不理想的症结所在，帮助孩子一起克服学习上的困难。同时要与家长沟通交流，达成共识，不以分数论好坏，要陪孩子共"成长"……

（上海市奉贤区教育学院提供）

2. 失败的实验

有一年，我新接了一个班级，在拿到学生资料时，我就发现班级里有一个非常调皮凶悍的男生。据小学阶段的班主任所说，他仗着自己人高马大，一直欺负周围的同学，甚至会因为一些不合心意的事情而对自己的母亲拳脚相加。

当我来到他家进行第一次家访时，事先准备了一个实验。我一手拿着一团棉花，一手拿着一把钉子，然后问他："你选择棉花还是钉子？"他说："我选择钉子。"我问："为什么？"他说："钉子不会被人欺负。"这个回答出乎我意料，一时哑然。其实，我设计这个实验的目的是想告诉他，钉子会让人心生恐惧，而不愿和你接近，那样你会失去很多朋友。

请评价案例中教师的行为。

> **分析**

棉花和钉子，一个轻柔，易于让人亲近，一个尖锐，让人难以接近。教师的出发点是想让学生变得柔和一些，去结交更多朋友，而学生的出发点是"人善被人欺"，所以他宁愿当"钉子"。

判断

案例中教师的出发点和学生的出发点不同，不能单纯地判断谁对谁错。案例中的教师，考虑的是让这个学生改变自己，然后融入集体，而学生考虑的是自身，他的自我保护意识比较强。

观点

学生具有主观能动性，他们有自己的想法。作为教师，会根据不同的学生设计不同的教育方法。但是，当教育方法的预设和生成不一致时，教师应随机应变，站在不同的角度考虑问题。如果教师只站在自己的角度，强行将自己的想法灌输给学生，只会事倍功半。

阐述

现在信息高度发达，学生所接受的新鲜事物比较多，想法也比较多。案例中男生的心理其实是脆弱的，因为他一直在让自己成为"钉子"，成为一个无人敢欺负的人。

如果教师读不懂这点，一味地批评他不应该成为"钉子"，那么只会将矛盾激化，让这个学生的心理防护墙越筑越高，将来不但会将周围的同学视为敌人，更会将老师也视为敌人。

教师预设的教育方式，无疑是从班级整体出发，希望这个学生能渐渐变成"棉花"，和周围的同学和平相处，而不是对立而行。学生的回答，显然和她预设的答案不一致，打乱了她预设的教育方案。

设想，如果当时教师因为学生的答案没有和自己预设的答案达到一致，她一味地去扭转学生的想法，拼命让他设法去做"棉花"，那么学生就会非常排斥这个老师，以后，教师再对这个学生进行教育无疑是事倍功半的。

再设想，如果当时教师在学生不一样的答案出现时，马上临场应变，站在学生的角度考虑问题，不马上否定他的想法，并且多一些鼓励和循循善诱。那么，迟早有一天，这个曾经只愿做"钉子"的学生，终归会变成"棉花"，渐渐融入班级这个大集体中。

班级里的学生很多,肯定会有这样那样的问题。教育的预设是一回事,生成又是另一回事。身为教师,不妨多一些耐心,多一些"心眼",多一些换位思考,这样就能读懂更多的学生,让教育事半功倍。

 专家点评

首先要肯定教师家访前所做的准备,其次再考虑碰到预设和生成不一致时教师该如何应对。

(上海市奉贤中学提供)

后记

上海市开展中小学（幼儿园）见习教师规范化培训以来，涌现出很多带教智慧。有的将幼儿教师的入园工作转化为朗朗上口的"三字经"，有的引导新教师制作教育反思手账。这些有针对性的培养，都越来越重视案例化和规范化。带教导师们希望通过真实、鲜活的教育案例分析，让新教师在教育情境中有所启发，提升专业素养。

应广大见习教师和带教导师的要求，我们向全市征集"教育案例"和"教育情境"，得到了各区教育学院和见习教师规范化培训基地校的大力支持，共收获近700份稿件。这些案例全部来自新教师的教育叙事、指导教师的带教手记、上海市教师专业发展学校和上海市各区教育学院的培训材料。这些尚带着基层教师"体温"的案例，在经过反复推敲和筛选之后，成为新教师培训的鲜活资料；这些专家打磨过的撰写模板，在经过反复试用和实践之后，成为新教师培训的有效手段。

上海教育出版社将这两份凝聚全市教师培训者智慧的案例资料修订打造成为《场景中的教育常理》和《行动中的教育机智》两本书。它们的出版其实是信息共享时代的产物，凝聚着所有关心职初教师专业发展的领导、专家、导师和新教师的智慧。在此感谢上海市教委的大力支持，感谢上海市师资培训中心周增为、陈霞、任洁、陈飚、宁彦锋等老师的精心组稿编审，感谢上海市各区教育学院师训部黄金丽、蒋莺、卓佳、程书丽、赵群、袁晓东、庞维成、陶洁、张新、康茹萍、董学平、殷新珍、朱郁华、顾永杰、黄建龙、金香等老师和教研员的全面推进，感谢上海市教师专业发展学校老师们的积极撰稿，感谢吴国平教授的精心指导，感谢伍敏、闫凌云和王慕云等老师和同学的编辑修订。

编者

2020年8月

图书在版编目（CIP）数据

场景中的教育常理/任洁主编. — 上海：上海教育出版社，2020.9（2023.8重印）
ISBN 978-7-5720-0275-5

Ⅰ. ①场… Ⅱ. ①任… Ⅲ. ①中小学教育-教学研究-文集
Ⅳ. ①G632.0-53

中国版本图书馆CIP数据核字(2020)第164419号

总 策 划　刘　芳　宁彦锋
责任编辑　茶文琼　公雯雯
封面设计　郑　艺

场景中的教育常理
任　洁　主编

出版发行	上海教育出版社有限公司
官　　网	www.seph.com.cn
地　　址	上海市闵行区号景路159弄C座
邮　　编	201101
印　　刷	上海展强印刷有限公司
开　　本	700×1000　1/16　印张 17
字　　数	305 千字
版　　次	2020年11月第1版
印　　次	2023年8月第2次印刷
书　　号	ISBN 978-7-5720-0275-5/G·0210
定　　价	68.00 元

如发现质量问题，读者可向本社调换　　电话：021-64373213